彩虹
奥运梦

A Skater's Odyssey
to Olympics

张虹 —— 著

北方文艺出版社
·哈尔滨·

图书在版编目（CIP）数据

彩虹奥运梦 / 张虹著 . -- 哈尔滨 : 北方文艺出版社 , 2025. 6. -- ISBN 978-7-5317-6421-2

Ⅰ . K825.47

中国国家版本馆 CIP 数据核字第 20244BC065 号

彩虹奥运梦
CAIHONG AOYUN MENG

作　　者 / 张　虹　　　　　　　　出品人 / 林宏海
责任编辑 / 赵　芳　　　　　　　　装帧设计 / 锦色书装

出版发行 / 北方文艺出版社　　　　邮　编 / 150008
发行电话 / （ 0451 ）86825533　　经　销 / 新华书店
地　　址 / 哈尔滨市南岗区宣庆小区 1 号楼　　网　址 / www.bfwy.com

印　　刷 / 哈尔滨午阳印刷有限公司　　开　本 / 787mm×1092mm　1/ 16
字　　数 / 185 千　　　　　　　　　印　张 / 16.75
版　　次 / 2025 年 6 月第 1 版　　　印　次 / 2025 年 6 月第 1 次
书　　号 / ISBN 978-7-5317-6421-2　　定　价 / 78.00 元

Zhang Hong's autobiography captures her extraordinary journey from the cold ice to the Olympic pinnacle, showcasing her grit, determination, and embodiment of the Olympic spirit. Through her remarkable skill and relentless effort in speed skating, she has set a new standard for Chinese winter sports and inspired countless young athletes. Beyond her achievements as an Olympic champion, Zhang Hong has become a role model, paving new paths for China's winter sports and demonstrating exceptional leadership in promoting the Olympic spirit globally. Her story highlights the confidence and commitment of Chinese athletes on the international stage, and her contributions to the advancement of global sports reflect the true essence of Olympic values. I look forward to seeing her continue to lead and inspire, bringing new vitality to the Olympic legacy and global sports development.

张虹的自传记录了她从冰天雪地到奥运巅峰的非凡旅程，展现了她的坚韧不拔和决心，这都是在践行奥林匹克精神。通过她在速度滑冰领域的卓越技能和不屈不挠的努力，她为中国冬季运动树立了新的标杆，激励了无数年轻运动员。除了作为奥运冠军，张虹已经成为一个榜样，为中国冬季运动开辟了新的道路，并在全球范围内促进了奥林匹克运动的发展。她的故事突显了中国运动员在国际舞台上的信心和承诺，她对全球体育发展的贡献体现了奥林匹克价值观的真正精髓。我期待看到她继续引领和激励年轻一代，为奥林匹克遗产和全球体育发展带来新的活力。

——胡安·安东尼奥·萨马兰奇

* 赛场上你追我赶的瞬间

＊ 我热爱赛场上奔跑的自己

* 奥林匹克精神——友谊，团结，公平竞争
（图源：新华社记者王丽莉）

＊ 2015 年 7 月 31 日，北京申冬奥成功瞬间，全场激动
（图源：新华社记者王丽莉）

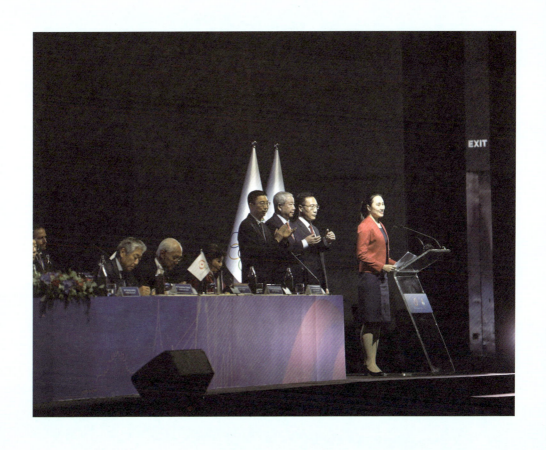

* 2023 年 7 月 8 日，哈尔滨亚冬会申办陈述

H. ZHANG

T. BACH

C. DUBI

* 国际奥委会会议中全情投入的我

自　序

　　如果从我第一天开始练滑冰就有人告诉我，未来的23年里，你每一天都要做着同样的事情，重复几十万次的蹲腿、摆臂、蹬冰，无数次摔倒，无数个肌肉酸痛导致失眠的夜晚，无数次失败，无数次被对手超越，无数次接受教练的指责、惩罚，无数次怀疑自己，默默承受伤痛，承受大赛的压力，甚至练到内分泌失调，与家人聚少离多，几乎没有假期……我想当初我会坚决选择放弃！

　　但也因为如此，23年的运动生涯使我懂得了许多：跌倒了要自己爬起来，再努力一点点就可以超越对手，失败可以总结出很多经验，酸痛之后就是成绩提高的阶段，累到不行才能体会床的舒适，教练对你负责才会罚你，好的对手才是最好的队友，付出才有收获，有梦想终会实现，敢拼才有赢的机会……承担任务的使命感、每一次超越自己的成就感、站在领奖台上的自豪感、万众瞩目的存在感，这些都是因为我选择了体育生涯。虽然没有父母家人在身边，但我们有教练、队友、领队、队医常年的陪伴，我们一起经历胜利、失败、压力、伤痛，一起为了梦想拼搏——这些点滴使我渐渐明白，"大家"胜"小家"。退役后，我才意识到自己对"国家队"这个"大家"的感情，早已占据了我内心对"小家"的思念。

感谢我的父母赋予我生命,引领我走上体育之路,若没有他们无私的给予和奉献,若不是他们倾尽全部的爱来培养我,我不会有机会身披国旗站在奥林匹克的领奖台上,也不会有机会骄傲地对全世界说:"我是中国速度滑冰运动员——张虹!"

彩虹奥运梦

目 录

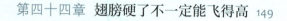

第一章

我是一个出生在哈尔滨的淘气姑娘

1988 年 4 月 12 日上午，一个六斤七两的小丫头出生在黑龙江省哈尔滨市香坊区的省医院里。这个不胖不瘦不出众的小女孩就是我。爸爸为我起名"虹"，他希望我的人生无论经历多少风雨都能像雨后的彩虹一样绚丽。我想这也是天下所有父母对子女的期望。

妈妈说在她进产房之前，身边连续五个阿姨都生了大胖小子，我这个小丫头的降临似乎给那一瞬间留下了特别的记忆。爸爸妈妈结婚 7 年后才有我，因此他们对我的到来非常珍惜，并尽可能用照片记录了我成长的过程。因为父母浓浓的爱，我小时候有很多照片。爸爸妈妈年轻时，甚至爷爷奶奶那个年代，都保留了很多老照片——从这一点来看，我喜欢拍照是祖传的。

＊ 一家三口

* 冰天雪地中的我与妈妈　　　　* 我的百天照

　　我的爸爸妈妈出生在黑龙江省鸡西市，他们也相识在鸡西市，那是距离哈尔滨 500 公里左右的一个小城市。因为爸爸妈妈在工作中表现优秀，两人被一起分配到了哈尔滨，而我们家大多数亲属依然生活在鸡西。小时候，逢年过节，爸爸妈妈会带着我一起回老家，后来我练了滑冰，就很少再有时间和他们一起回去了。那年月，爸爸妈妈工作繁忙，日子却依然紧紧巴巴，他们一边打拼一边抚养我长大，付出了非常多的辛苦。而我从小没有爷爷奶奶、哥哥姐姐在身边，缺少像其他小朋友那样被亲人众星捧月的宠爱，但这也加深了我对父母的依赖。

　　小时候的我特别淘气，据妈妈说，我还没学好走路就急着要跑步，摔倒了也不哭，爬起来继续跑。2 岁的时候，我总是趁他们不注意拔墙上的插销，导致妈妈做饭的时候必须把我放在洗衣机里，才能保证我不乱动，妈妈还将这搞笑的一幕拍了下来，现在我看到那张照片，仍觉得特别有趣。妈妈还说，我从 2 岁就开始接触"冰上运动"了。每年冬天，哈尔滨的室外就像个天然大冰场，银装素裹，冰雕玉琢。她在一块木板下面钉上两条铁管，再拴上一根绳子，做成一个爬

彩虹奥运梦

犁，生活在北方的孩子一定知道，打爬犁是冬天必备的娱乐活动。爸爸妈妈的单位距离当时我们的家只有几百米，一条长长的街道，没有太多车经过，妈妈经常在上班的时候用爬犁拉着我，有时候一回头，我突然不见了，再一看，一个圆球正在雪堆里颤抖着，那是我觉得好玩自己在咯咯乐呢。现在回想那场景，应该很有趣，因为我穿得实在太厚，稍有颠簸，我就会从爬犁上骨碌下去。

＊ 对插销充满好奇的我

再长大一些，我上了爸爸妈妈单位的家属幼儿园，幼儿园的招生范围很小，十几个孩子被分为大小班，老师与家长很熟悉，对我们也很照顾。幼儿园经常会组织

＊ 被妈妈放进了洗衣机

一些活动，比如趣味赛跑比赛，据说每次我都是第一名。不过听妈妈说，只有一次我差点输了，当时我出发慢了，和我一组的是一名男同学，他从开始就抢到了我前面，马上到终点了，我仍然没能追上他，情急之下，我伸手把他推倒了，导致他的牙磕到了嘴唇上，还缝了好几针，为此爸爸妈妈特别内疚，可我完全记不得了！如果我能再见到这位男

同学，一定会诚挚地和他说声"对不起"。

4岁的时候，爸爸给我买了一辆四轮自行车，那时候觉得真酷，每个傍晚我都要在院子里骑上几个小时，妈妈不喊我回家睡觉，绝对不上楼。几天下来，我便骑得游刃有余，后来爸爸卸掉了一个轮子，让我尝试往没有轮子的一边转弯，学会控制平衡。过了几天，爸爸又卸掉了另一个。最后，我在无数次摔倒爬起中学会了骑自行车。膝盖摔破了，结了痂，还没好利索，又摔，不记得当时有多疼，只是现在还能看到膝盖上明显的疤痕。学会骑自行车给我后来的生活和训练带来了很多的益处，感谢爸爸！

这就是我，一个从出生就被父母培养运动细胞、有点淘气但很要强的东北女孩！

第二章

体操是我接触的第一项体育运动

我有一位"走路带风"的爸爸，用这个词形容热衷体育运动的他再合适不过了。童年记忆里，每逢放假，爸爸去单位值班时都会带上我。烈日当头的正午，大多数人都在办公室午休或是打打扑克、喝喝茶，而爸爸总会把我带到篮球场，让我在一旁自己玩，他则和同事打上一两个小时的篮球。记忆中，他总是累得满头大汗，但脸上满是成就感。只可惜那时候的我太小，他并没有把我对篮球的兴趣培养起来。

不单单是篮球，爸爸喜欢各种体育运动，比如说单双杠。据说年轻时，爸爸可以在单杠上连续翻好几个圈，还有一些高难度动作，我也叫不上名字，不过在看体操比赛的时候，妈妈有时候会突然冒出一句："这个动作你爸爸也能做。"说这话时，妈妈总是很骄傲。游泳、羽毛球等项目，爸爸也毫不逊色。这么多年来，爸爸一直坚持运动，虽然他如今已年过花甲，仍可见明显的胸肌和腹肌。

爸爸是如此热爱体育运动且自律，当然也少不了对我运动细胞的培养。在我5岁那年，爸爸妈妈曾把我送到哈尔滨体育学院的业余体操队学习。我虽记不清太多细节，但第一次去那里的情景仍不时浮现在脑海里。那是一个硕大的室内多功能体操馆，举架很高，场地被划分成几个区域，有鞍马、平衡木、自由式，还有塑胶跑道。最让我记忆犹新的是吊环区，高高的吊环下面是偌大的泡沫坑。我们去的时候，一些看起来比我大不了几岁的小朋友正在那里训练，一名男教练让他们练习翻转，而所有队员最终都是因为手臂没劲或失去平衡从吊环上掉到泡沫坑里的。我当时并不能理解他们在做什么，也不懂什么是体

* 我的爸爸

操运动，对坚持不懈更是完全没有概念，只能看到眼前哭哭啼啼的小朋友们承受着教练严厉的怒吼，幼小的我觉得体操这项运动真的很难，也很害怕，虽然我从小就好动，但性格是非常内向的，胆子也很小。

懵懂的我就这样听从了父母的安排，开始了每天一小时的体操基本功训练。那时候我的个子就比大多数同龄孩子高，肌肉很结实，跑跑跳跳很在行。每天除了跑、跳、踢腿这些准备活动，最重要的，也是每天必备的，令我非常害怕的环节，就是压腿。我不知道为什么其他队员的腿都能压得那么直，我则是连哭带叫也做不好。基本上每一节课我都会被教练弄得鼻涕一把泪一把，教练也很是无奈。再后来，我开始不愿意去训练，不想去训练，我觉得自己比其他人差远了。

爸爸妈妈也看出了我的心思，快一个月的时候，带着我去咨询了教练，关于我的情况与前途。教练说他们二人其实并不高，但是我的骨骼很特殊，比同龄孩子要粗要硬，所以从专业的角度来讲，不适合练体操。他的话也在后来得到了证实。从 7 岁开始，我的身高就像停不下来似的以每年 10 厘米的速度增长，有那么几年，测骨龄时，机器显示我比实际年龄大几岁，因此还制造了很多不必要的麻烦。

　　我的第一次运动之旅在坚持了一个月后终止了，当时的我认为自己也许永远都不能成为一名运动员。

第三章

我开始学滑冰了

五六岁时的我，几乎每隔一两个月就要被爸爸妈妈送去一次医院，那时我的体质很弱，经常感冒发烧。打针，好像是我幼年记忆里最可怕但又很常见的事情。一天，爸爸妈妈的一位同事跟他们说，他家孩子在附近的公园里学滑冰，跑跑跳跳不仅能锻炼身体的协调性、灵活性，还能增强体质，建议我也去练练。于是，在1995年5月的一天，我开始了长达23年的体育生涯；也是从这一天开始，滑冰这项运动出现在我的生命中，再也不曾远离。

叶乔波，中国速度滑冰运动员，在第16届冬季奥运会上，获得1000米和500米速滑两枚银牌，为中国冬季项目实现冬奥会史上奖牌

* 我与叶乔波

零的突破。她带伤拼搏的励志精神，一时带动了全国乃至世界冰雪运动的热潮，持续影响了几代人，速度滑冰也因此在国内广泛普及开来。这个重要的历史时刻，我是到后来长大了几岁才逐渐了解的。在叶乔波的影响下，父母当时为我选择的项目就是速度滑冰。事实也证明，体育模范是推动整个体育项目发展的重要因素之一。

学滑冰的地方位于香坊公园（后改名为"尚志公园"），公园里有很多树，一座假山，一座人工湖。公园的中心有很多宽窄长短不一的小路，如果绕着最大的一圈走下来，你会经过三个出入口，大概一公里。平日里，很多附近的居民会来这里散步，也经常有健身爱好者和小运动员们享用公园里的免费跑道。

5月，哈尔滨的天气刚刚转暖，三四支滑冰队分别在公园的各个区域进行陆地训练，爸爸妈妈怕我有之前练体操的阴影，这回找的是一位美丽温柔的女教练，她叫李明子。我们按约定的时间地点找到了队伍，到的时候，队员们正在压腿、活动关节，跃跃欲试准备开始训练了。他们看起来要比我上大好几岁。初次见面，并没有给我太多的时间去认识小伙伴们，便开始了我的第一节课——长跑。男孩跑在前面，女孩跟在后面，爸爸妈妈和教练站在原地帮我们计时。刚出发，我就感觉很吃力，心里想他们怎么跑得那么快。第一圈我跟在最后，第二圈我就被落下了一些，渐渐地，队员们的呼吸声离我越来越远，但是我的自尊心告诉我，拼了命也要跟上他们！可是，到了第三圈，我就被彻底落下了。我受到了非常大的打击，从小到大，不论是在幼儿园的小朋友还是左邻右舍的同龄人中，我都是跑得最快、表现最好、最经常受表扬的孩子。我突然意识到自己和别人有差距，这下彻底伤了我的自尊心。被甩在最后面的我灰溜溜地跑到爸爸妈妈面前（根本无心理会教练），情不自禁委屈大哭起来："我跟不上，我怎么跟也

9

wǒ bā shài le，měi tiān dào gōng yuàn huá bīng
xùn liàn，jīn tiān liàn cháng pǎo，gǎng pǎo shàn quān
jiòu pǎo bā dòng liǎo wǒ xīn lǐ xiǎng yí
diàng yào jiān chí bù néng luò hòu zhuī hòu
wǒ pǎo wán le bā quān wǒ shèng lì le。

1995年6月27日 张虹

*8岁时练习滑冰的日记

* 香坊公园留念

跟不上他们！" 爸爸妈妈先是吓了一跳，然后笑了，教练走过来安慰我说："这是你的第一次训练，你看你又是这里最小的队员，只要坚持，慢慢就能和他们跑得一样快了！" 我感觉，李教练好像和我想象中的教练不一样，没有说我也没有惩罚我，也是从那一刻起，我开始对她有了好感。我擦了擦眼泪，等其他队员跑到终点，结束了训练，我们一起压腿、聊天，愉快的气氛和训练时的紧张全然不同。

其实，在后来 23 年的训练中，我们每天最放松最快乐的时光也是训练结束后，因为训练期间运动员们会高度集中注意力，为了保证训练质量，保证自己不受伤，大家都会默契地保持沉默。

　　从那堂课之后，每一天我都会到香坊公园和大家一起训练滑冰。

第四章

爸爸的爱

1996年的寒假，哈尔滨漫长的冬天里普通得不能再普通的一天，我和往常一样去八区（八区体育场，简称八区，位于哈尔滨市道外区，是当时全市体育场馆种类最多的地方，包含两个室内冰场）训练。不用赶时间的情况下，为了省两个人的交通费，爸爸经常骑着二八自行车，驮着我从家到八区去训练。20多年过去了，我仍清楚地记得乘坐2路公交车从我家附近的西香坊站到三中站，要经过西香坊、省医院、天鹅饭店、文昌街、工人文化宫、博物馆、哈站、三中——这8站、7公里的距离，夏天骑车单程也要40多分钟，中间还有两段很长的上坡路，可爸爸从不喊累，无论冬夏从不舍得给自己买瓶矿泉水喝。

那时的我已经加入练短道速滑的队伍，当时速滑还没有室内场馆，都是在室外训练，爸爸妈妈担心我体质差，年龄又小，坚持不下来，在冬天上冰训练之前为我找了新的队伍和教练，我也就顺理成章地成了一名短道速滑运动员。

训练期间，教练和家长会站在冰场护栏外指挥或观看。度过了每天摔倒的阶段，我终于可以跟小伙伴们一起滑圈了。我更喜欢爸爸送我去训练，爸爸一般不会太专注我在冰场上的表现，完全把我交给教练。但如果是妈妈来，全冰场甚至听不见教练的指导，总能听见妈妈的大吼声，妈妈实在过于严厉，总是抱着恨铁不成钢的心态，有时候她教得不对，我也不敢反驳。喜欢爸爸的另一个原因是他总会包容我的任性，比如说训练结束后背我回家，我家住在七楼，没有电梯，每次我站在原地耍赖，爸爸都会答应我的要求。现在想想，爸爸上了一

彩虹奥运梦

天的班，再骑车带我训练，还要背着我爬七层楼梯，还有什么样的爱比默默付出更无私的呢？

有一年冬天，和往常一样，训练后我和爸爸往家走，漫天大雪，路面一层薄冰，每走一步都要分外小心。爸爸骑着自行车驮着我，我背着一个大书包，里面装着滑冰鞋和头盔。路灯照在雪上，反射出来的光芒给寒冷的冬夜增添了美感。路过工人文化宫有一段缓坡路，爸爸骑得很慢，我坐在后座实在太无聊，便动了调皮的心思，决定要起身站在后座上。夏天的时候我们经常这样做，可冬天我从没有尝试过，于是我告诉爸爸："我想站起来。"我想，换了别人的爸爸一定会吼几句或者告诉不许动，可我爸爸当时就说了句："这可是冬天。"他握紧了车把手，似乎已经开始准备迎接我的挑战了。我将右脚踩在车座上，刚起身准备将左脚也安置好，却不想脚下一滑，那一刻我的趔趄导致自行车突然失去了平衡，左右摇摆了几下，我和爸爸就一起摔了出去。奇怪的是我并没有害怕，似乎有爸爸在我从没有害怕过。我们被惯性甩出去好远，等我缓过神来的一瞬间，看到爸爸没来得及拍身上的雪就冲我走过来，我还是害怕了，心想，这回要等着挨骂了。爸爸却笑着说："摔了吧！"他过来确定我没事儿，又拍拍我们身上的雪，继续前行，坐在自行车后面的我心里一阵温暖，脑袋朝着爸爸的后背靠了靠。

当然，这件事也成了我俩的小秘密，如果被妈妈知道，免不了一顿责骂。爸爸对我的爱就是这样，他会无限包容我，默默陪伴我……

彩虹奥运梦

第五章

小学时代

　　哈尔滨市香安小学校开启了我最美好的学生时代，日复一日的学习和训练使我的童年变得很充实。

　　我们那一届是全市小学生第一批实行五年制教学的。一年级期中考试，我得了双百，成了第一批（全校只有7人）少先队员，率先佩戴了红领巾，先在班级担任学习委员，后来又被选为劳动委员，爸爸妈妈很欣慰，训练并未影响到我的学习成绩。

　　我们班有72名同学，座位是按大小个依次排序，很显然，从一年级到五年级，我一直坐在教室里的最后一排。小时候我不明白为什

＊ 小学毕业合影

么前面的区域总是欢声笑语，后面几排却是冷冷清清，有那么一段时间，我很嫌弃自己，特别希望能加入前面同学的聊天，可大多数时候我找不到话题融入大家。因为每天训练，我没有时间梳小辫，也很少穿裙子，每天除了校服就是 T 恤、运动裤。我当然也不知道女孩子每天玩什么，就连跳皮筋都不会。我对拼体能的竞技类游戏很感兴趣，经常会在课间和同学们进行赛跑。学校的操场不大，避开人多的地方，跑道也就 50 米。我几乎每次都能赢得比赛，因此也收获了很多人的崇拜。我变得越来越淘气，爬土堆、翻墙、登高，每天都在挑战妈妈的耐心。

转眼便到了三年级，我的滑冰水平逐渐在同龄人里崭露锋芒。教练为了让我们跟更专业的选手一起训练，每天早上我们要跟体校队"蹭冰"，这样有助于提高成绩；晚上我们还要上一次体能课，或是跟业余队再上一场冰。滑冰选手的冰感很重要，尤其是在初期，多进行冰上训练有助于提高踝关节控制冰刀的稳定性。

我的第一任短道速滑教练叫李勇戈，他的脾气很好，从来不会批评女孩，尤其是我们几个年龄小的。除了指导我们技术之外，不会强制要求我们完成训练计划，有时候练得太枯燥，还会带我们用游戏的形式完成训练，大大地提高了我们训练的积极性。有一段时间，因为他是男教练，不能带女队员，有些人要求更换教练，我因此萌生了放弃的想法。平时在一个冰场训练时，我经常能看到其他教练打队员，小时候的我胆子很小，哪受得了这种"待遇"？（谁能想到，十年后，曾如此害怕挨打的我，一年内，这些"待遇"都"享受"了！）

我每天放学第一件事就是跑到车站乘公交车到八区，进行一个半小时左右的训练，结束后到家通常要晚上九十点钟，吃完晚饭再写作业，几乎都要到半夜十一二点才睡。增加了早冰之后，最困难的是每

* 我与我的第一位短道速滑教练李勇戈

天早上起床,妈妈每天5:30准时叫醒我,我基本上是闭着眼睛,任由妈妈帮我穿好衣服,再艰难地洗漱、吃饭。开始两年,爸爸会陪我一起赶早上6:05到西香坊车站的2路公交车,再后来我就可以自己去训练了。2路公交车每天都会准时到站,冬天的哈尔滨亮天很晚,路上车也很少,司机好像知道我要去赶着训练一样,拼命地踩着油门。在这20多分钟的车程里,我迎接每一天太阳的升起,偶尔也会碰到从前几站或后几站上车一起去八区训练的队友,因为有爸爸和队友们的陪伴,我从未感觉到孤独。可如果没能赶上6:05那趟车就惨了,早上每15分钟才有一班车,如果晚了一班车,到站后即便是拼命跑到冰场,换好鞋,也就只能滑30分钟了,因为我们必须要在7:15前下冰,再赶2路公交车去学校上课。回程正赶上早高峰时段,别说空座,能挤上车就很幸运了。车上的人经常会向我和我的队友们投来好奇的目光,并不是因为我们看起来是运动员,而是因为我们背着的两个大书包实在是太占地方了。

与队友们匆匆挥手告别之后,便又开启了作为学生的一天。幸运

＊ 我（左一）与小学同学

的是，我总能在打上课铃之前赶到教室，在其他同学睡眼蒙眬被家长送到学校的时候，我已经完成了一次训练。身边的同学都知道我是一名滑冰选手，他们对滑冰的概念也是从我另一个书包里得知的。经常有同学在课间来围观我的冰鞋，问我一些关于滑冰的问题，我总是会愉快地解答。

就这样，有队友，有同学，有老师，有教练，还有我的爸爸妈妈，他们陪伴我成长路上的每一天。

彩虹奥运梦

第六章

小学四年级，第一次受伤

我的训练已经逐渐步入正轨，从开始认为只要每天按时按点来训练，到慢慢开始有目标，琢磨技术，希望能像大队员一样速度快、技术好，被教练表扬。我开始期待比赛，这是提高成绩非常重要的一个阶段。此刻学校的学习任务也越来越重，作业越来越多，我没有时间和其他同学一样去补习班，只能在学校认真听课，有时也会感觉压力很大，但好在我的成绩一直很稳定，尤其是数学。

班级每周要进行一次大扫除，我们班的72名同学被分成4个组，每个组轮流值日。这天刚好轮到我们组，有的扫地，有的擦桌子，有的擦黑板，我作为劳动委员又是班级里个子最高的女孩之一，便自愿承担起最难最累的活——擦灯管。每个教室有6根灯管，每根灯管都有1米多长，灯管上面有两根链子连接天花板，轻轻一碰就会左右摇晃。虽然我个子高，但擦的时候还是需要把椅子放到书桌上，再站到椅子上面才能刚好碰到灯管。我们那时的课桌，桌面还有一些坡度，干活的时候，为了让椅子更稳，有一侧两个椅子腿下面必须要垫上两本书才能保证平衡。就这样，在没经过老师允许和没人保护的情况下，我默默地开始了自己的工作。

其实刚站到上面的时候，我已经感觉到危险了，脚下的椅子面积有限，灯管却有至少三个椅子那么长，课桌之间又有距离，所以我必须尽可能地伸长胳膊去擦。当我擦完了一遍又想擦第二遍的时候，其实只是移了移位置，突然，我觉得椅子的中心偏了，也许是书没有垫好，我下意识去扶灯管，可是灯管不是固定的，而且此刻灯管已经摇

晃得根本没有抓的地方，反而让我的重心更不稳，我挣扎了一下，瞬间就重重地摔了下来！只听"哐当"一声，等我缓过神来，我被卡在了两个课桌中间的缝隙里，好在椅子被两个桌子挡住，并没有全部砸到我身上，我并没有把灯管也拽下来。这时，所有干活的同学全都跑过来看我有没有受伤，我也被吓坏了，赶紧看看全身上下有没有不能动的地方，就在我刚要起身的时候，发现我的左小腿有点麻，因为夏天穿的是短裤，腿上并没有流血的痕迹，但是顺着麻木的地方一看，膝盖下面有一个坑，我摸了一下，可能是因为我过于害怕，当时是没有知觉的，懵懂的我只觉得自己的腿动不了了，以为是骨头有什么问题，哇的一声就哭了，几乎是泣不成声。其实我当时真的感觉不到疼，只是害怕，围观的同学都在关切地问我怎么样了，不知道哪个同学把老师喊了过来，看我双手捂着小腿，老师也害怕了。看见老师，我瞬间觉得有大人来了，有救了！我擦了擦眼泪，泪眼婆娑地望着老师，开口第一句话便是："我还能不能滑冰了？"

　　那一瞬间的感受到现在我还记得，从 7 岁开始滑冰，这项运动早就深深根植于我的心底了。彼时骨头还没长成的我，哪里会知道，20 年后的今天，左腿胫骨上依然能摸出来有一个小坑，上面有一块小小的软骨在游离，还好当时只是碰到了软骨，养了几天之后就好了，这一次受伤并没有给我的身体造成什么大碍。

第七章

人生中第一次滑冰比赛：香坊区运动会

这一年我10岁，开始滑冰已经有3年多，虽然年龄上是业余队，但其实我已经和体校队（14岁至18岁）的队员一起训练整个冬天了。

一个周五，训练时听其他香坊区的队友家长说，本周末在香坊区体校的室外冰场要举办一年一度的区冬季运动会，他们都在讨论给孩子报哪个项目。哈尔滨的冬天有得天独厚的自然条件，大多数中小学都会在校园里浇冰场，组建校队，参加比赛。而我一直没有参与过学校内的训练，自然也没得到任何报名的消息和机会。

妈妈了解完具体情况后告诉我："明天我们去参加比赛。"我一脸茫然，都没报名，怎么参加比赛啊？第二天一大早，我们便出发了。香坊区体校院里有一个不标准的200米田径场，那个年代还都是土道，没有塑胶跑道，夏天用于田径项目，冬天就会浇上冰，供滑冰爱好者练习或进行冰上比赛。200米的跑道不长不短，正好处于短道速滑和速度滑冰的中间距离，所以无论穿速滑刀还是短道刀的运动员都可以参与比赛，大大增强了趣味性。

我们到达的时候，大厅里已经是人山人海了，有的家长正给孩子穿冰鞋，有的教练正给队员分配任务。从校服来看，有将近10所学校的队伍在做准备，我们一时找不到自己学校的队伍。人群中，我看到了几个平时一起训练的队友，他们都是作为自己学校的主力队员被保护起来的，老师家长跟着，有拿水果的，有发巧克力的，还有人负责给磨冰刀。再看看我，活像个没人要的孩子，在人群中被挤来挤去。终于，我找到了我们学校的体育老师，赶紧叫妈妈也过来，老师身边

彩虹奥运梦

跟着五六个队员，他们穿着学校的队服，气宇轩昂。我们学校的体育成绩在区里无论冬夏都能挤进前三。妈妈走过去说："你是香安小学的体育老师吗？我要给我的孩子张虹报名参加比赛。"老师瞥了我们一眼，说道："你是哪来的？我们的队员都是校队的，已经练了两年，你说报名就报名？马上就要开始比赛了，请不要影响我们！"妈妈的脾气很急，又解释了几句，老师很无奈，最后说："行行行，现在给你们报名，就先让你孩子比一项500米看看。"因为每个项目人数有限，因此还占用了校队一名同学的名额。

　　时间太紧，简单做了准备活动就要上场了。从休息室走出来，这是我第一次接触室外冰场，跑道中间和两侧是用雪堆起来的，看得出整个冰场都是人工制造和清理的，内外道的标志点也是用雪做成的，

* 我的第一个短道速滑队

从远处看白茫茫一片，如果不是在比赛，蓝天白云加上冰场，眼前美好的画面令人忍不住欣赏。这次比赛按速度滑冰的规则，每人一个跑道，每圈要换道，最终按时间排名，这也让我很紧张，因为之前训练的都是短道速滑，规则不一样，不知道自己会不会出错。那时，速滑不流行脱位冰刀，所以两个项目的运动员看起来很相似，只是短道速滑的队员会戴头盔。

还没弄明白规则就轮到我上场了。"各就各位，预备——"裁判的枪响了，我不管不顾地冲了出去，蹬冰，摆臂，呼吸，我发现室外的冰和室内的冰差距好大，人工浇的冰凹凸不平，一脚深一脚浅，有时候还有雪被风吹到脚下；我之前都是滑小圈，冰刀的弯度和弧度也都是适应短道的，眼下的弯道对我来说实在是太大，里面还是雪堆，我必须使劲往外用力，才能保持正常的路线。我不停地向前滑着，耳边的风太大了，什么也听不见，500米滑了两圈半，冲过终点线的刹那，我第一反应是：到终点了吗？看看妈妈，好像没再喊让我继续滑；再回头看看被我落下好远的对手，同时听到场外的家长们说："这个肯定第一了。""一看就是专业的！"此刻我有点沾沾自喜，还要滑行半圈才能下冰，刚入弯道，我就意识到我和雪堆实在太近了，可是这时腿已经酸得不听话了，"咣当"一声，我径直栽到雪堆里了！我听见全场都在笑我，马上灰溜溜地起来拍拍身上的雪，找下冰的出口。这时500米的比赛也即将结束，我后面的是我的队友，等她的结果一出来，我们之间只差了一秒，我得了第一！我们每天跟专业队伍训练，和其他校队的选手相比，水平还是高过他们很多的，所以并没有太过激动，但这时最高兴的应该是我们学校的老师，他兴奋极了，像发现了新大陆一般，又给我拿巧克力，又问我冷不冷，要不要找地方休息，让我受宠若惊。

彩虹奥运梦

后来我们又报名了 1000 米，也得了第一名，奖品是一条大浴巾。比赛和训练的差别很大，每一次比赛都会激发我的能量，这种心态上的激励是训练中无法获取的。当然，通过各种比赛，我也逐渐意识到自己的不足，自己和对手的差距，同时给自己设立目标。这次比赛还得感谢妈妈的智慧和勇气，不然我就会错过我人生中第一次速度滑冰的比赛。

第八章

我差点成为游泳运动员

四五岁的时候，我身上曾发生过一次危险事件。这一天，爸爸带我到单位玩，他们单位的篮球场附近有一个很大的废弃池塘，夏天雨季，池塘里面积满了雨水和自然生长的植物。我蹲在台阶上探索着新世界，突然，在距离我一伸手远的叶子上，一只青蛙映入我的眼帘，刚好它也发现了我，瞬间从叶子上跳进了水池里，而我竟好奇心爆发，也跟着它蹦了下去！等爸爸听到声音跑过来的时候，我已经沉到水面之下，他用力把胳膊伸到水下才把我捞上来，还好池塘里有很多植物，我才不至于沉下去。我不记得自己当时的感受，但把爸爸吓坏了，也许就是因为这一次危险，爸爸决定必须让我学游泳。

这个决定在我 10 岁这一年的暑假终于实现了。爸爸妈妈在哈尔滨热电厂附近的游泳馆为我报了名。和我一起报名初级班的小朋友有十几个，我们从一开始扶着墙在泳池里慢慢走，到练憋气，再到用泡沫板练漂浮，循序渐进，一点点学习、进步。可无论怎么练基本功，我就是不敢离开泡沫板。很庆幸，我遇到了一个温柔有耐心的教练，他并没有像其他教练一样把学员推下水。因此别人练了半个月的基本功，我练了一个月，但最终我也不敢独立游泳。我不记得其他人是否天天练，但我的整个暑假都是一天练滑冰一天练游泳，过得特别充实。

第二年暑假，爸爸妈妈为了让我学会游泳，又给我报了一期，这次是在哈尔滨冰上基地的省游泳馆。本应该报提高班的我，因为被教练推下水的画面一直浮现在脑海里，在跟爸爸妈妈商量后，仍然选择了初级班。有一定的基础，再加上我天生水性还算好，没几节课，新

* 小时候的我在松花江里游泳　　　　　　　* 游泳成为我一生的爱好

教练就让我加入了提高班。通过这一个月的训练，再加上去年夏天的训练基础，我很快学会了蛙泳、自由泳和仰泳，熟悉了水性之后，还自己研究了潜泳，就是憋一口气贴着泳池底部一直游。滑冰的功底，让我的力量和肺活量自然比其他的孩子要好一些，25米的泳池，我差不多能一口气游到头，因此我也爱上了游泳。我的表现也让教练发现了我，在距离训练结束的最后几天，他跟爸爸妈妈提出了让我改练游泳的想法，说我个子高又有力量，最重要的是我关节软，尤其是踝关节适合打水，未来很有可能在游泳上取得成绩。爸爸妈妈只是告诉了我这件事，但最终他们还是做出决定让我继续练滑冰，游泳只是为了多一项生存技能，因为这个时期的我已经开始参加短道速滑全国少年儿童比赛了，因此谢绝了游泳教练的建议。

　　我很感谢这位教练教会了我游泳，让我体验到另一种体育运动的乐趣，甚至在之后很多年的专业训练阶段里，每当自己觉得疲惫，都会找个泳池小游一会儿。在水里，疲劳的肌肉和紧张的心情都会得到放松。我喜欢在水里自由自在的感觉。后来，每到一个国家参加速滑训练或者比赛，我都会用游泳为自己获取片刻的安宁与愉悦。

彩虹
奥运
梦

第九章
我成了一名专业滑冰选手

哈尔滨市体工一队（现名哈尔滨市冬季项目训练中心），位于哈尔滨市道外区八区街，这里曾经也是哈尔滨非常有名的冬夏结合的体育综合基地，有滑冰馆、篮球馆、乒乓球馆、羽毛球馆、室外田径场、游泳馆、足球场等。无论是冰上项目，如花样滑冰、短道速滑、冰球、冰壶，还是其他项目，如摔跤、举重、游泳、跳高、跳远……你想参与的任何体育项目在这里都可以实现。

哈尔滨市队先后培养了多位冠军：花样滑冰首枚奥运金牌获得者，申雪、赵宏博；短道速滑接力奥运冠军，张会；当然，还有我。我们都是在这里积累了丰厚的基础后走向世界的。从 20 世纪 90 年代开始，在我国还没有选手获得过冬奥冠军的时候，哈尔滨的冰球队、花样滑冰队、速度滑冰队和短道速滑队，在国内一直处于领先地位，直到现在。一代代哈尔滨冰雪人给冰雪运动的后代树立了明晰的目标，营造了良好的氛围。

作为运动员，能进入专业队，冠军梦才正式启航。我也有幸在此刻加入了市队，训练开始步入正轨，和专业队员一样，三练三饱三倒，全天训练保证强度和质量。正式入队成为集训队队员的同时，也正式开始了我的独立生活。

哈尔滨市短道速滑队当时分为三个队，男子一队、男子二队和女队。冰上训练时，我们会跟着男一队一起训练，陆地的体能训练计划由我们自己独立完成。原有的四个女队员加上三个新队员，我，王超，还有一个年长我们几岁的女孩陈莹，我们被分在三个不同的宿舍。我的两个室友姐姐一个比我大 3 岁，另一个比我大 6 岁，她们当时在国内的成绩排名比较靠前。我因为年龄小，还没有参加过全国成年组的正式比赛，因此对她们非常崇拜。在家里，爸爸妈妈很宠我，和其他小朋友一样，生活中除了同龄的同学和队友，我并不善于和比自己大几岁的人交流相处。在学校，比自己大一年级的都觉得距离很遥远，甚至叫哥哥姐姐都很害羞。可是在体育队，集体生活是有规矩的，一般来讲，新来的队员一定要多干活，要有眼力见儿，嘴也得甜，这样老队员才会带着你玩，教你更多的东西。集体生活不接纳独来独往、自私自利、只想着自己好的人，因为所有的运动项目都不可能靠自己一个人完成训练，团队意识、相互配合还是很重要的，尤其是短道速滑。

我不知道其他十二三岁的小朋友是如何度过童年的，大多数应该是上学放学，每年两个假期，时常有爷爷奶奶、爸爸妈妈围绕身边。而这个时候的我要学着自己洗衣服、刷鞋，照顾自己，和身边的人相处。一开始，这些对我来说还是很难的，见到人低头走，见到教练领导也特意绕路走，不敢跟其他队的队员说话，这些都是常有的事。队里有近百名运动员，来自不同项目，我们每天共用一个餐厅、一个冰场或是同一个力量馆，当时我比大多数人要小至少 5 岁，没有话题交流可能也是正常的。幸运的是，我和我的队友王超是同龄人，我们从进队一直相互陪伴，直到我的短道速滑生涯结束。

从这一刻起，我开始学着独立思考，独立生活，开启了我特别的童年回忆。

第十章

我的队友，我的朋友

与家人在一起的时间越来越少，身边的同龄人也越来越少，滑冰不再是小时候为了锻炼身体的一项运动，自从进入专业队那天起，我便意识到滑冰已经成为我生活中唯一能做的和必须要做好的事。

从小性格内向的我并不善于和别人相处，进队时和我年龄相仿的队友王超成了我最好的朋友，后来我们在专业队相互陪伴了近8年。我们两个从业余体校直接被选入专业队，共同经历了走出"小家"步入"大家"的第一步，学会自理，看着大队员退役，换教练，看着年轻队员入队……我们既是朋友又是对手，配合接力拿了我们第一个全国锦标赛冠军，一起备战全国冬运会，也一起经历了一年半刻骨铭心的韩教阶段。我们曾经无话不谈，写信倾吐心事，每天24小时的陪伴，数不清经历了多少时光。

2000年刚进队的时候，我们是带训队员，入队后被分在不同的宿舍，一张单人床是我们的全部天地。因为换届的时候队里新队员很多，房间也有限，很多原因促使我们没有资格在队里住宿，只能走训。王超家在道里区，我家在香坊区，幸亏小时候学会了骑自行车，那段时间每天我们都各自骑车回家。早上躲避高峰期的堵车，有时候我会跟公交车比赛，趁它到站乘客下车的时候超过去；下午训练完再骑车回家，因为我家的路程比较远，每天往返也给自己增加了一些运动量。刚开始进专业队时，我还没有适应每天三饱三倒的生活，中午大队员午休，我和王超就出门闲逛，八区训练场周围路上的石头子几乎被我们踩遍了。下午训练前踩着点，提前15分钟，等室友都睡醒了，我

* 我的队友，也是我一生的朋友

们就回来换衣服准备训练。第二年，我们渐渐习惯了大家的作息时间，融入了集体生活。上量（加强度）的时候，每天两次训练很累，已经没有力气再骑车回家。那时的我们也转为了试训队员，自然就搬到了宿舍里，全天和队友、教练生活在一起，真正开始了我们的集体生活。

队里规定每周六下午休息，周日晚上归队，市体工队的队员大多数都是本地人，所以周六下午走廊里就会变得特别冷清。当然，因为想家，我是结束训练后第一个往家跑的队员之一。那时候我还没学会洗衣服，更不知道怎么用洗衣机，每周末都会背着一大包脏衣服，回家让妈妈洗干净，周日再背回来。周日回来的时候，手里还会多一个袋子，是妈妈早就准备好的一周的水果和零食。我床下有一个大塑料筐，那是我的聚宝盆，周日回来满满登登的一筐好吃的，到下个周六全部消灭。多少年来，每次从家回来，两位室友姐姐都会来看看我的聚宝盆，开玩笑说："看来这周你又要长胖两斤了。"渐渐地，我发现，我和大队员的关系拉近了，从训练到生活，她们都会或多或少地帮助我，训练的时候我跟她们学技巧，生活里她们教我怎么洗衣服、刷鞋。

后来我再也不用背着脏衣服回家了，我也会问妈妈："你看我的鞋刷得白不白？"集体生活，让我不再过多地依赖父母，遇到事情也开始尝试自己解决，有了自己的思想，也有了自己的目标。最重要的是，在这里，有队友一起训练一起生活，并一起为同一个目标奋斗！

第十一章
模特之路

众所周知，东北女孩的平均身高在全国名列前茅。12岁就已经1.72米的我，最喜欢看的电视节目就是T台秀或是选美比赛，那些模特漂亮的外表让我欣羡，最吸引我的是她们的气质。我也会时不时跟着电视里的模特学走路，摆造型。虽然练体育每天都摸爬滚打，像个淘小子一样，但随着我慢慢长大，也开始臭美，留长头发、穿裙子。有一段至今回忆起来仍觉得有意思的小插曲。一次和妈妈逛商场，遇到一个保暖衣品牌的展示活动，只要穿着厂家的保暖衣在台上展示一圈，就可以打对折。忘了是想买衣服，还是妈妈为了锻炼我，我糊里糊涂地就报了名。随后我就开始后悔了，台下的几十名观众还好，舞台搭建在商场中庭，从一楼到五楼的顾客都能观望，也不知道突然之间从哪儿冒出来那么多人！我感觉自己是红着脸用滑冰的步伐走完全程的，幸好没有左脚绊到右脚上，也是在那一刻，我发现站在舞台上展示自己原来是这么难。

夏天的周末，我偶尔会出去逛逛街。2000年左右，哈尔滨有两个主要商业区，一个是道里区靠近江边的中央大街，是全国闻名的商业步行街；另一个是位于南岗区的远大商圈。而我们训练的八区，正好在这两个主要商圈的中心，步行30分钟之内都可到达。队友们经常会在训练调整的时候或是周末去那边逛逛街。哈尔滨有名的是地下商业街，与过街地下通道相通，整条街都有地下商铺，从小玩具到箱包、服饰，样样俱全，而且价格亲民，备受市民喜爱，也是周末逛街顾客最拥挤的地方，尤其是冬天。

因为客流量大，所以经常有一些发小广告和推销的人选择在这些商圈聚集。有一天，我自己去买东西，突然被一个人拉住，她说："你对××模特公司了解吗？"我犹豫了一下，第一感觉是骗子，说了句"不好意思，不感兴趣"，转身就走。那人又跟上来说："你的身高很合适，可以到公司见见老师。"我头也没回地走了。隔了几周，在不同的街口，我和妈妈到车站乘车回家，又遇到一个人和我们说同样的话，是同一家模特公司，我便和妈妈说起之前的经历。妈妈是个好奇心很强的人，她知道我在家经常模仿模特走秀，便多问了那个人几句。据了解，那是哈尔滨非常正规的一家模特公司，培养了很多国内和走出国门的名模。妈妈果断预约了时间，想带我去试试，我很佩服妈妈的行动力。

几天后，我们如约来到了这所模特学校。透过门缝能看到很多女孩在上形体课，一个比我矮半头的女孩从里面走出来，昂首挺胸，特别有气质。老师把我们带到小教室，做了一些简单的调查，比如我的年龄、身高、父母身高，还帮我量了量四肢比例。我有一些小紧张，因为有一点点小期待。老师说："这孩子的身材比例还好，因为她是运动员，不用练肌肉，有针对性地训练形体就可以了，有一定的潜力。不过，从父母的身高推算，根据我们的经验，她不会超过1.75米。"我一直向四处张望，看着墙上的荣誉证书和比赛照片，那是一个与我训练的环境完全不一样的世界。等我回过神，只听妈妈问道："我女儿有没有机会当世界名模？"我记得非常清楚，甚至惊讶于妈妈怎么会问这样的问题。老师很坦率地说："想成为世界名模的最低身高标准是1.77米，我们只能努力把她培养成国内名模。"妈妈更坦率："那我们不能学模特，因为我姑娘要当世界冠军！"这个回答更让我惊讶。

就这样，我们离开了模特学校。而我当时连国内的正式比赛都还没参加过，妈妈对我的期待让我感觉"压力山大"，觉得世界冠军于

我就像天方夜谭，但在我的潜意识里，一直在朝这个目标努力。

后来，在 2016 年，我终于实现了小时候的心愿，再次站上了 T 台。那是 2016 年的上海高级定制周，我受到哈尔滨 NE·Tiger（东北虎）华服的邀请，担任整场秀最后出场的嘉宾。当天我穿的是复刻版慈禧龙袍，配的是花盆底的鞋。负责人一直怕我摔倒，说很多职业模特都穿不好这种鞋，特意让我提前两个小时到场地适应。我自己本来就很紧张，反反复复问着走 T 台的节奏和要求，尤其是那些模特到场以后，后台乱作一团。等踏上 T 台，之前的担心烟消云散，我告诉负责人："放心吧，这比冰刀好穿多了。"这次秀共有七个品牌，不同风格，我是最后一个出场的。此时的我，已经不是那个 12 岁的女孩，虽然不专业，但是非常淡定，成功地走完了我的首秀，真的感谢 NE·Tiger 给了我这么难忘的经历和体验。

彩虹奥运梦

* 2022 年成为迪奥中国品牌好友

第十二章

第一次达标赛：全国短道速滑联赛

进入专业队就意味着目标已经明确。我意识到原来我和别人的差距如此之大，年龄小并不能成为滑不快的借口，因为当时全国正式比赛只有一个成年组别。进队的第一个冬天，我没有资格参加联赛，只能看着哥哥姐姐们去比赛，我的心情也随之起伏。虽然当时我的成绩和他们差距很大，仍幻想着自己未来有一天能和他们一起比赛的情景。

全国短道速滑联赛每年有五六站，每一站比赛进行四五天。第一天通常是追逐达标赛，两项成绩相加前 36 名的选手为 A 段，37 名至 72 名为 B 段，如果没能进入前 72 名，那表示后几天只能看别人比赛，等第二站再进行达标选拔。那几年的赛程设定只有前两站是达标赛，意味着两站中有一站达标，本赛季就可以参加 A 段比赛。对地方队来说，达标赛是非常重要的，每个参赛队可以上 4 名选手，达标的人越多，在比赛中配合的机会越多，拿好成绩的概率就越大。但是名额实在有限，大家都争先恐后。按赛程规定，在 2000—2001 赛季之前，达标为 7 圈和 27 圈；在 2001—2002 赛季之后，达标调整成 7 圈和 13 圈；2005 年之后，为了使队员全距离发展，也根据项目特点，变更为 4 圈、9 圈和 13 圈。（500 米是 4.5 圈，1000 米是 9 圈，1500 米是 13.5 圈，3000 米是 27 圈。）

2001 年是我进队的第二年，也是我有资格参加全国联赛的第一年。我的力量比较好，短距离表现相对长距离突出一些。正是这个赛季改变了 3000 米 27 圈的达标赛赛程，让我觉得增加了入围的可能性，可 7 圈和 13 圈是考验速度、耐力的项目，对我来说仍然是巨大的挑战。

* 我的训练日记

　　哈尔滨代表队是当时全国短道速滑代表队最大的队伍之一，尤其值得一提的是男队，选手的身高都在1.85米左右。每次比赛，枪还没响，他们用气势就把对手压倒了。和他们在一个队，让我觉得与有荣焉。

　　2001—2002赛季全国短道速滑联赛第一站在长春。10月的某一个星期一，秋高气爽，我们收拾好了各自的行李，整装待发。坐在大巴车的最后，看着前面的大队员和领队教练们，想象着三天后自己的第一次全国比赛，我的心情既激动又紧张，我的目标是进入前72名B段，能拿到参赛名额是我当时最大的心愿。

　　两天适应冰场的赛前训练结束，全国各地的选手终于聚到一起，由领队抽签，举行赛前例会，安排热身时间，每一分钟都让我觉得紧张。周四一大早，比赛开始了，先是7圈追逐，下午再根据7圈的成绩安排13圈的分组。我知道自己的13圈是弱项，必须要在7圈尽全力滑出好成绩才有希望拿到参赛资格。可惜时间过去实在是太久了，我并没能记住当时跟谁一组，成绩是多少，但我依稀记得下午13圈的最后几圈，我的教练、队友在场下拼了命地给我加油、喊节奏，而我的腿好像粘在了冰上，就是迈不动。我累极了，滑到终点时甚至连下冰的力气都没有了，我看到教练瞥了我一眼，心想，这下惨了，没希望了。

下场后，大家都变得很安静，一是累，二是期待着自己的成绩。一组一组的比赛过去了，教练走过来严肃地告诉我："你准备好明天的比赛吧！"之前失落的心情瞬间变得雀跃，我极力按捺内心的喜悦，继续看最后几组选手的比赛。这时，所有教练都在计算着男女队进入A组和B组的人数，安排接下来的比赛，但在裁判公布最后成绩之前，最后几名选手还是未知的，因为秒数太接近。看完了最后一组选手的比赛，我和队友拖着疲惫的身躯返回酒店，因为累，我们走得很慢。参赛选手住的酒店离得都很近，路上遇到几个后面追上来的选手过来恭喜我，我并不认识他们，因为这是我第一年参加比赛，只是和对方打了招呼并说了"谢谢"。我很胆小，甚至都不敢跟自己队的大队员多说几句话，他们在我心里实在是太威严了。这时有个声音传来："就是她达上A标了！"我心想：谁啊？这么厉害！等到教练都回酒店后，一个不可思议的消息从天而降——我是第35名！意味着我达了A标！这是真的吗？我反反复复看着成绩单，数了好几遍。兴奋劲儿过了之后，我才发现，除了我以外没有任何人开心，我再一问，哈尔滨队来的一整辆大客车队员，那天只有我一个人达了A标。因为男队员要为后几站做准备，所以这个阶段实在太疲劳，状态很差；女队员失误，没发挥好都有些原因。无论如何，我在非常不镇定的状态下比完了后三天的比赛。当然了，不用想，500米、1000米、1500米都是一轮淘汰，因为我毫无比赛经验，和其他队员还有非常大的差距。

彩虹奥运梦

回程的路上，我很害怕会影响到大队员的心情，一直默默地坐在最后，前辈们偶尔的问候和恭喜让我觉得很幸福。当然，这只是一个开始，回去后接下来的几天，连食堂阿姨都会多给我盛上几勺肉，还和其他人夸赞道："就是她达了Ａ标。"从刚刚进队吃饭都不敢抬头，到大家突然知道我的名字，我很不适应。那时我特别希望大队员们也能达标，这样就不会有人关注到我。

那一整年的比赛我都在Ａ组，但几乎都是一轮淘汰。短道速滑比拼的是战术和配合，后来我总结，因为我和其他选手还是差距非常大，在Ａ组比赛并没有锻炼我的战术，也没有为我积累经验。

第一次比赛就达了Ａ标，才13岁的我被认为前途无量，但其实只是后来一次又一次失败的开始……

第十三章

欺负你没商量

体育队就像是一个大家庭，我们过着一种很微妙的集体生活，每天一起训练、一起吃饭、一起就寝，我们既是队友，也是对手。十几年来，我的室友换了一批又一批，有队员退役，就有队员进队，不管内心有多么不舍，最终都必须告别。当然，偶尔的小吵小闹也都是过去经历的一部分，也正是因为这些委屈和不快乐，后来我才学会如何跟年轻队员相处。

全国联赛达 A 标之后，我的生活发生了一些转变，教练的关注有时会让我觉得压力有点大，其实我更喜欢不声不响地跟在大家后面。好在每天最多就能见到教练几个小时，最让我头疼的其实是队内的姐姐们。我一个刚进队的小不点，成绩突然超过了她们，可想而知我的处境。但我们队的氛围非常好，大多数姐姐还是很有风度的，也很照顾我。但只有一个比我大 3 岁的姐姐，她是我 10 年短道生涯里唯一发生过矛盾的人。

这段小插曲发生在 2002 年，我们正集体备战全国第十届冬运会。这一年夏训期间，因为成绩和队内经费有限，男队去了韩国，而女队转战哈尔滨周边的尚志市，这也是我进队后第一次外出训练。我们住的地方是哈尔滨滑雪队的训练基地，周边都是庄稼地，每周末只有一天允许请假去城里买些日常用品。一个室外水泥地篮球场和一个室内简陋的大厅，便是我们训练的地方。每周两次的长跑，我们就在田边的高速公路上跑，连偷懒绕小圈的机会都没有。这里没有淋浴间，想洗澡就要拿加热棒在桶里烧水，然后拿盆在水房里洗。有时候大家训完练累得不行，就干脆拿冷水冲凉。姐姐们因为没能去上韩国，又来到这样一个条件不佳的地方，每天都不太开心，但为了备战国内最重要的比赛，还是默默坚持着。我哪经历过什么好不好，对一切都充满好奇。枯燥的训练之外，我发现了一处秘密花园——跳台滑雪的场地有个游泳池，炎热的夏天，几乎每天训练完我都要跳进去游一会儿，其实那也不叫游泳，最多叫玩水。整个夏天，我的脸上只有戴泳镜的地方没被晒到，身上晒得黝黑不说，还全是被蚊子咬的大包，简直没个孩子样了。休息的时候，我就和队友去田里抓青蛙。我真的很喜欢小动物，后来我们在库房里养了一窝小鸭子，一堆青蛙，还有一只从树上掉下来的小猫头鹰。

几个月的夏训，也可以说是乡村生活，转眼间就结束了，嘻嘻哈哈的日子也暂时告一段落。这时，男队也回来了，我们开始了紧张的冰陆结合阶段，也是赛季前最重要的两个月。为了保证队伍训练的安全性，我们被分为两个组，我们组被安排在晚上10点上冰。因为备战的队伍实在太多，上冰时间有限，哈尔滨队的所有冰上项目队伍都有夺金任务，有时候冰场24小时排满。

不知道为什么，教练在这个月里安排了特别多的训练计划，7圈16组，13圈12组，全部由女队自己完成。短道速滑训练很有讲究，跟公路自行车差不多，领滑的选手最累，其次是第二名，依次排序，第四、第五位置上是风阻最小的，相对轻松。当然，那个位置永远不会留给我。大队员都不愿意上去领滑，教练就让我领，于是我就一组领滑，一组跟在第二位，直到最后一组，我实在累得不行了，渐渐放慢了速度。教练嚷着："休息时间要到了，快点开始！"无奈之下，我又开始加速，一圈、两圈、三圈，当教练喊到还有两圈时，后面的那个大我3岁的姐姐突然开始加速超过我，我心想：你有劲为什么不领滑？最后过我算什么能耐？等到下冰时，我很不开心地嘟囔了一句：

"下次我可不领这么多组了。"当然，短道超越训练是很正常的，但是我们今天练的是耐力，我很不理解为什么她把劲留到最后，让我一直领滑。

这个小小的不满被她发现了，因为训练计划多，又是大半夜训练，大家的心情都不太好，她突然火了，当着所有队员的面说道："小张虹，你等着，不用你得意！"我当时没吱声，心里有点担忧。她见我没回应，更加恼火了，一直没住嘴骂我。做完整理活动，我一路都在担心回到房间该怎么办，其他队友安慰我，已经是大半夜了，回去睡一觉就没事了。其实每个人都很清楚她的个性，只有她跟队里每个人都发生过争执。该面对的终究要面对，我故意最后一个进屋，放好冰刀，拉起蚊帐，钻进我的小床，刚松了口气，只见她拿着冰刀套朝我气势汹汹地走了过来，边走边骂："你厉害了，是不是？我过你怎么了，有毛病吗？你让我在那么多人面前丢面子，轮得到你一个小崽子说我吗？"我坐在床上紧贴着墙，蚊帐隔住了我们四目相对的尴尬。这时另一个姐姐赶紧过来劝说："大晚上的，别跟小孩计较了。"她哪里听得进去，继续骂我，似乎还要动手打人。我自始至终没有说一句话，满腹委屈，眼泪噼里啪啦往下掉。等她骂完，我跑了出去，我的队友王和另一个屋的姐姐也陪着我，怕我出事。我们也没有地方去，第二天还有训练，就在楼下的操场上待了一会儿，她们不住地安慰我，也没惊动教练，就拉着我回去睡觉了。后来，紧张的训练让这件事似乎告一段落，我和她每天依然低头不见抬头见，只是我们很少再说话了。

当然，我和她的"故事"还没有结束，我已经习惯了她每天的各种挤对与讽刺。我在日记里写道："我不能和你一般见识，因为如果我做了和你一样的事，就会变成和你一样的人！"

彩虹
奥运
梦

日子一天天过去，随着赛季的到来，我们的压力越来越大，大家都忙着准备比赛，连闲聊天的机会都很少。冤家路窄，终于，火星又一次撞地球。那天的训练计划是7圈，强度和比赛达标的速度很接近，需要每个人充分准备。教练让我带第二组，她跟着我。其实我很紧张，心里想着我得注意节奏，别带不好又让她挑刺。可能是过于紧张，在第五圈进弯道的时候，我的左腿晃了一下，右腿落脚的时候踩在了冰沟里，刚好踢到第四个标志点。我赶快调整重心，可是腿已经不听使唤了，砰地一下就撞到了垫子上，我赶紧看了一下后面，好在并没有人因为我摔倒，我松了一口气，看看身上有没有受伤的地方。可还没等我缓过神来，她就开始大叫，正赶过来扶我的人瞬间围到了她身边，我不知道发生了什么。训练不得不中止了，大家和她一起下冰了，她去了医院。我心里发慌，完了，又惹事儿了。原来是我摔的时候重心太靠前，右腿扎到了冰里，左腿撩起来时踢到了她的锁骨下面。我想象着即将发生的事情，坐立难安。两个小时后，她从医院回来了，好像是缝了几针，跟我预料的一样，还没等我说对不起，她就劈头盖脸把我骂得狗血淋头。

　　就这样，一直到2003年她退役，我的生活终于恢复了平静。从2000年进队以来，这也是我第一次身份的转换，大队员几乎全部退役了，随后从中专来了七八个女队员，虽然我们年龄相仿，但从成绩和比赛经验上，我也从之前的试训队员成了老队员，开始了另一个周期的训练。

第十四章

第十届全国冬季运动会

2003 年 1 月，第十届全国冬季运动会（简称"十冬会"）在哈尔滨冰上基地拉开战幕。全国冬季运动会每四年举办一次，以市为代表队，是全国规模最大、级别最高的冬季综合性体育赛事。这也是我练滑冰以来参加的第一次大型赛事，令我记忆深刻。

记忆深刻的原因有两个：

第一，这是我第一次和国内顶级选手同场竞技，杨扬、王濛、王春露、付天余、刘晓颖、刘翠佳等多位世界冠军，这些只在电视里见过、新闻里听过的人物，我竟然要与她们同时征战赛场，还没开赛，荣誉感就满满的。因为国家队常年在北京备战世界性比赛，我们地方队想见一见一流选手是很难的。尤其是杨扬姐在 2002 年盐湖城冬奥会上刚为中国冬奥实现奖牌零的突破。短道速滑的赛场到酒店这条路，赛前一周就不断有媒体和滑冰爱好者围绕。我能有幸与她同场竞技，对于我这个刚够格参加国内比赛的选手来说，简直无法形容有多激动。

第二，我竟然能在高手如云的情况下，挤进前六名，这是多么不可思议的事情啊！甚至在后来 2008 年的第十一届冬运会，我也没能获得任何单项比赛的前六名。如今十几年过去了，我仍清晰记得在那场比赛中自己是如何分配体力，又是如何完成滑行的。

那么，我到底是怎样拿到这个令自己现在依然很骄傲的第六名的呢？大家也许会认为一定是因为我很幸运，短道速滑比赛项目的偶然性比较大，是不是碰巧在预赛和次赛中被判进半决赛，或是各种原因捡漏进了半决赛？不！请允许我带着小小的骄傲回味当时的荣耀，详细地向大家介绍一番。

十冬会的短道速滑设有男女 500 米、1000 米、1500 米和男子 5000 米接力、女子 3000 米接力，这些项目的基本规则与冬奥会相同，但当时组委会新增设了一个项目，与全国联赛达标相似：男女 7 圈追逐，滑行距离在 500 米和 1000 米之间，属于速度耐力综合项目，完成时间在 1 分 5 秒至 1 分 13 秒之间。7 圈追逐至今仍然是国内重要的比赛项目，规则是每组两人，两名选手在比赛场地"对角出发"，每人滑行 7 圈，没有战术配合，也没有身体接触。运动员在场上独自滑行，比拼的是运动员的滑行速度。比赛全部结束后，按成绩排列名次，用时最少者即为冠军。我就是在这个项目上获得第六名的。可以说我的确是凭实力取得的名次，但是时至今日我仍认为这次绝对是超常发挥。我算不上比赛型选手，我的特点是能把平时训练的水平在比赛中发挥出来，在比赛中出现失误的概率较小，仅此而已。但这一次，我的成绩绝对超出了我平时的训练水平。

7 圈追逐在短道速滑赛程的第一天进行，运动员们都跃跃欲试，准备着自己的首秀。戴好头盔，穿好冰鞋，将大衣盖在腿上，头顶就是观众席，欢呼声就在耳畔；前方就是冰场，一个箭步就可以跨到冰上，前一组选手争分夺秒的呼吸声依稀可闻。这一刻，没有任何人说话，内心的紧张无法言说。和前一组选手几乎是同时上场下场，待工作人员整理完冰面，几十秒的滑行后，教练做最后的提示，站上跑道——我紧张极了！在裁判喊出"各就各位，预备——"的时候，我的腿在颤抖，紧张到感觉不到自己的腿，意识告诉我要全力冲出去！我和对手从第一圈就较着劲儿，看谁最后伸脚冲过终点线。我甚至忘了听教练的报表。第二圈，我马上意识到要分配体能，留好劲儿，便控制了发力。第三圈，其实我滑出了 9 秒 3 的速度，但教练没敢告诉我，因

＊ 参加第十届全国冬季运动会留影

为这是我之前训练中前所未有的速度，他怕我控制不了，便告诉我9秒5。他是一位有经验的教练，知道如何掌握运动员的心理状态。最后两圈是每个选手的极限，只能靠意志和场下的呼喊让自己尽量不降速冲到终点线。最终，我的成绩是1分11秒260。等到全部选手滑完，成绩出来了，杨扬姐位列第一，我位列第六。前八名里唯一不是国家队队员的就是我！比赛结束后，我仍然不敢相信自己的成绩。

我的超常发挥也仅限一次，之后几天的500米、1000米、1500米比赛，我都是一轮淘汰，因为我仍然缺乏比赛经验，再好的体能也没办法发挥出来。

这一次大赛让我意识到了世界舞台是多么吸引人，只要我努力，和顶级选手之间的距离也并不是遥不可及。我开始憧憬自己的未来，设定目标，希望自己有一天也可以跟这些顶级选手同场竞技。

彩虹奥运梦

第十五章

第一次出国训练：2003 年，韩国

韩国短道速滑的发展早于中国，每一年都有新的世界级别的选手出现在国际赛场上。随着我国短道速滑项目的后来者居上，目前韩国仍是我们最大的竞争对手之一。

之前男队去韩国训练，我们就一直向往并且期待。随着成绩的提高和队里对短道速滑队的投入，我们也终于有机会开启韩国之旅了。男女队共选出 10 名队员，大多数都是第一次出国训练。哈尔滨直飞首尔需要两个多小时，从一上飞机我们就特别兴奋，大家都非常期待接下来几周美好的韩国之行，飞机上的乘客也纷纷询问我们是什么运动队。

接待我们的是韩国全州市的一个短道速滑俱乐部。有意思的是，

* 第一次出国训练，合影留念

2017 年，在一次世界速滑比赛中，我再次遇见了当时俱乐部的短道教练带着他的队员来参赛。我们住的地方距离冰场走路要 15 分钟，每两个队员一个房间，房间 20 多平方米，是韩国特色的木质装修风格，很是温馨，像韩剧里面一样，被子和床垫白天需要卷起来。经过短暂的调整后，我们便开始了艰苦的训练。训练的冰场是专业短道速滑冰场，每天都有很多俱乐部在这里训练。当然，我们不会放过任何一个学习的机会，一般会早来晚走，观摩其他短道俱乐部的冰上训练，学习他们的技术和训练方法。在语言不通的情况下，我们和当地的教练、队员成了好朋友，这也许就是体育运动的魅力。

我们经常为韩国人的训练强度和高难度的技术分解折服，但让我最记忆犹新的是有一天我们到训练场很早，刚好碰到前两场冰的队员正在做陆地训练。因为这是一支初级队，只能分到非常早的上冰时间。有的队员连衣服都没换，瘦瘦小小的，看起来只有 10 岁左右，家长在一旁拿着冰鞋和衣服，边等边看。开始我们并没有注意到他们，因为我们好歹也算是国内专业队，就地而坐，闲聊着等教练来指导我们做准备活动。

偶尔扫过去一眼，他们练的动作很简单，原地高抬腿跑，没有什么技术含量。只有一名教练在他们中间计时，一分钟，两分钟，三分钟，教练一直没喊时间到，十几个小孩子面对面两排，没有任何一个人停下来，其中几个看起来最小的使劲喘着粗气，大汗淋漓，一直努力地抬腿。虽然听不懂，但是教练一直喊着类似"坚持""加油"的口号，我们的目光渐渐被他们吸引。最边上有个最瘦小的男孩看起来已经坚持不住了，然而他的一个举动让我们所有人都震惊了——他竟然大声哭喊了起来，但他的腿始终都在拼了命地用力往上抬！旁边的家长没有上前一步，看不出哪一位是他的妈妈，教练也没有让他停止，

彩虹奥运梦

直到训练结束，小男孩扑通一下坐在了地上。我们的聊天没有再继续，偌大的训练场变得很安静，一个 10 岁左右的孩子，是什么让他对训练如此认真执着？他的坚持让我们情何以堪？我想，眼前的一幕对我们在场的每一名队员都是一种激励。

韩国教练教了我们很多技术，是当时的我们见都没见过的，比如在原地弯道扶冰，我们尝试了几次都没办法完成；还有一些陆地滑冰技术细节的动作展示，这些都是需要极强的专业训练和常年的体能训练才能做到的，而那位教练看起来才 40 岁左右。

几周的时间转瞬即逝，我们收获满满地踏上了回程。我想每个人在这次交流训练中不仅收获了技术上的指导，也收获了精神上的引导，这对运动员来说或许更重要。

第十六章

被寄予厚望并不那么轻松（上）

每一名运动员都有一个冠军梦，每一名专业运动员都期待身披国旗站在世界赛场上，当然，我也不例外。从进入专业队开始，我就被寄予厚望，作为最年轻的专业队运动员，15 岁参加十冬会，并在高手如云的情况下取得第六名的成绩，除了家人的嘱托、教练的期待、同学朋友的祝福，我对自己的期待也是非常高的。

然而随着时间一点点流逝，我在训练场和赛场上并没有崭露头角，我的优势反而开始变得不那么出色。上一年的赛季总结并没有给新的一年带来很大影响，2005 年，17 岁的我开始进入迷茫期。以冬运会为周期，地方队每四年会有一个大的调整，从队伍到教练、领队都会换人。我的短道速滑教练在十冬会结束后被队里任命为速度滑冰教练，男队一队的主教练退休，二队教练顺理成章成了一队教练，女队则聘请了新的教练。队员也进入新老交接的时期，男女队被彻底分开，从中专新选进了七八个试训的女队员，她们的年龄和我差不多，但是由于我进队比较早，成绩优势很明显。突然变成队里的老队员和领军人物，让我非常不习惯。也是从那时开始，队伍里再没有目标让我追赶，甚至有一段时间，没有能和我配合训练的队友。夏训结束，迎来赛季，才知道自己和其他队的对手差距有多大。

新教练的训练计划让我很不适应。我的优势是力量强，擅长短距离。她的计划围绕着新来的队员做体能铺垫，每天的训练计划都是有氧和耐力。我的性格比较温和，也很相信教练，初期很努力地尝试她的训练计划。可是每个大周期结束，我都看不到自己的进步，渐渐的，我开始消极。我最不喜欢长跑，按教练的计划，我们常常三天要跑两次 10000 米，导致上冰课的时候，我的大腿肌肉又软又酸，速度训练没有爆发力，有氧也滑不动，每节课都练得很不耐烦。当然并不是只有我一个人有这样的反应，整个队伍训练的积极性都越来越低。这样的状态在我最应该提高成绩的阶段持续了一年多之久。我们练得不好，比赛成绩自然不好，教练也从一开始的很有耐心变得急躁，后来渐渐放弃，经常请假不来，说自己颈椎痛，把我们扔给男队。当时的男队主教练近 60 岁，非常严厉，脸上从不露笑容，总是拿个小本子记着各种事。最可怕的是每周日晚上的例会，赶上他心情不好，总是冷嘲热讽最近表现不好的队员，如果让他逮到当场批评一番，绝对让人无地自容，想找个地缝钻进去。男队员似乎已经适应了他的脾气，但我们女队员年龄较小，哪受得了这种奚落，有几个承受能力差的经常在会后回寝室哭。最可怕的是大会结束后，有时候还要找人单独谈话，至今想来仍觉得一阵恐惧。

　　我意识到作为老队员的我应该站出来做点什么，我不愿意看到队伍不被尊重，被男队呼来喝去。我有记训练日记的习惯，便把以前成绩好的时候的训练计划拿了出来，征求了大家的意见，90% 的队员选择和我一起训练。这个时候，我们女队的教练已经完全不出现了，打过几次电话，她都会找各种理由不出席，再后来我们也没有人找她了。

　　事情并没有那么顺利，男队教练看到我们不愿意听从他的安排，便开始想各种方法折磨我们。入冬，冰期来了，有两块冰场可以提供给冰球、花滑、冰壶、短道速滑以及业余体校训练，每场冰 105 分钟。因为训练队伍多，冰时非常紧张，我们的冰时经常被安排在晚上 8 点之后，自然要跟男队一起。在十几秒一百多米一圈的冰场，我们没有办法自己控制计划，冰上训练课都是间歇训练，不能分组滑，即使分组也没有人给我们计时。而每年这个阶段的训练是冰陆结合转换夏天体能的重要时期，两个月后即将进入赛季，所以我知道，想要出成绩，每天必须进行一到两次的冰上训练。我们唯一能做的就是跟在男队后面，尽量不被落下。一开始，男队教练并没有太苛刻，随着赛季近了，我们女孩在后面能跟上的圈数越来越多，速度也越来越快，他开始不耐烦了。先是跟我们说："短道速滑是一项具有危险性的运动，你们的责任教练不在训练场，出现一切后果，我没办法承担！"集体找了领导之后，我们才得以顺利上冰。我们经常在男队下冰之后的十几分钟内抓紧时间进行专项训练。短道训练和比赛需要标志块，每个弯道7个，一共14个，无论是计时还是战术训练，都离不开它。然而有一天，男队教练在冰场声明，这个标志块是男队私有，女队不能用。我仍然记得当时我和队友诧异且绝望的眼神，我们只得将水壶、冰刀套、手套摆在冰场上做标志块，虽然这是非常危险的事情。

这个赛季有全国运动会，当时冬运会和全运会还没有合并，拿名次对于我们这个阶段的状态来说希望渺茫，但是我们必须努力拿到资格（全国上百名参赛选手，只有30多个名额，通过全国联赛达标赛选拔），无论如何都要坚持下去！

第十七章

被寄予厚望并不那么轻松（中）

翻开当时的训练日记，记录着弱小无助、内心坚强、渴望正义的17岁女孩一路走来的心路历程，连父母都是后来才知道这一切的。

全国运动会是国内水平最高、规模最大的综合性运动会，每四年举办一次，一般在奥运会年前后举行。所有的地方省市专业队都会为全运会投入精力准备。2005年2月，为了即将迎来的第十届全运会，全国各地的参赛队伍和冰雪运动员都在积极准备着。

备战比赛，滑冰器材是基础，尤其是我们短道速滑项目的冰刀尤为重要。为什么我要强调冰刀？因为拐弯时产生的离心力很大，冰刀丝毫不能出错，几乎每场冰都要磨一次，赛季期间损耗得会更多。随着刀刃的损耗，冰刀的总高度自然也会降低，过低的冰刀会导致在弯道倾斜角度过大时冰鞋擦冰，运动员随之摔倒。除此之外，在训练比赛时也会经常发生碰撞，冰刀偶尔会变形，甚至断裂无法修复。好在短道速滑选手的冰鞋和冰刀是分开的，可以单独更换。高水平选手在备战重要比赛前要准备一到两双备用冰刀，通常一个赛季至少更换一次；冰鞋则根据选手个人情况，正常情况下两到三年更换一次。国内专业队水平的队员至少两年更换一次冰刀，其他的如连体衣、手套、头盔、磨刀架、油石等装备，则根据运动员水平或是等拿到大赛资格后才能更换。

这时候我的冰刀已经用了四年，为了能坚持到比赛，我每天都小心翼翼地磨，小心翼翼地滑，生怕出现有损冰刀的情况，同水平的选手都已经换了脚型鞋，我还在穿普通按鞋号批量生产的冰鞋。可能有

* 我的短道速滑冰刀及比赛头盔

人会问我，为什么你不自己换一双？因为我始终认为体育是公平的，如果那些没有我成绩好的队员可以有新装备，那我为什么不能有？即使我现在没有，我也要用成绩换取。事实上，从2002年开始参加全国联赛，我从未跌出过A标，17岁左右能达上A标的选手可以说跻身国内一流水平了，偶尔也有国家队或国家青年队队员达不上A标的。哈尔滨男队调整过后，新老交替，有几年时间，能达上A标的人也是寥寥无几。不知道从什么时候开始，队里的气氛不再像以往那么融洽。这个赛季刚开始，男队队员的器材发了一大批，尤其是冰刀，甚至有些队员穿着不舒服也可以随时领一双新的。女队所有人都默默期待着，希望能听到队里发装备的好消息，可奇迹没有发生。后来大家听说，拿到今年全运会参赛资格的选手就可以得到全套装备，有需求的可以提前申请。而我们因为没有教练，只能咬牙坚持，将期待放在心里。我知道，只要我的成绩好，队里就会给我发冰刀。于是，我每天更加刻苦训练，不羡慕，不嫉妒，只想用成绩来证明自己，因为我是一名运动员。

没有良好的训练环境，没有合适的器材，一帮十几岁的小女生就这样在逆境中度过了一段训练时光，磨炼了心智。众所周知，大赛年的标准会非常高，因为达 A 标就意味着拿到全运会资格。不管你准没准备好，2004—2005 短道速滑全国联赛第一站及全运会资格达标赛，来了！

第十八章

被寄予厚望并不那么轻松（下）

不得不承认，没有教练督促，没有系统的训练计划，我们练得一塌糊涂，基本是凭感觉和记忆在训练，有很多课我们没办法完成。当时女队的整体水平较低，再加上没有场地去完成冰上课，我们经常是自己拿着秒表替换着计时，或者是我一边滑一边计时再告诉大家。我们几乎没有进行过全力加速的训练，因为没有男队员带领，又存在安全问题，而绝对速度的训练在短道速滑的比赛中非常重要，无论是领滑还是途中超越，都需要绝对速度。偶尔我们也会看到几米之外站在场下的男队教练那鄙夷的眼神，恨不得我们消失在他面前，那种眼神又像是在说：等达标赛结束，拿不到全运会资格，你们就都要回家了！不知道我们哪里来的决心，每天默默地坚持着，无论是早冰还是半夜的冰时，没有任何一人旷课。

2004—2005 全国短道速滑联赛第一站及全运会达标资格赛终于在哈尔滨拉开了帷幕。队里决定，比赛全程由男队教练带领，赛前准备会、抽签、安排分组等全部要统一管理，我们暂时又回到一个组。我们心里隐隐担忧着，比赛期间，教练总不能不让我们上冰吧。拿到全运会资格，意味着要进入全国前 36 名，这个成绩对那时候的我们来说真的太难了。而之前从未跌出过 A 标的我，在看到其他队伍做赛前训练之后，仅有的一点点信心也被击碎了。每个队伍都穿着整齐的装备，崭新的冰鞋，尤其是准备接力的队伍，她们看起来斗志昂扬，精神状态饱满。再看看我们，凌乱的队伍，甚至没有任何统一的标志，好像业余组，尤其是我，A 标的队伍里没有任何一个选手穿着一双已经滑了四年的冰刀！

提前适应场地的每一天都是煎熬，一方面害怕男队教练的打压，一方面也害怕自己在赛场上丢人。时间从不会为任何人静止，一分一秒地飞逝，终于到了达标的那天，我被分在下午。可就在早上起床时，我发现自己来月经了，每次赶上这几天，肚子痛得人直冒虚汗，我就跟换了个人一样，浑身难受，打不起精神。命运就非得将它安排在这么关键的一天吗？所谓祸不单行，就在我内心万分焦虑的时候，电话响了，是男队教练，下午就比赛了，他找我干吗呢？谁能想到，他说今天后背不舒服，要我帮他敲几下。我无言以对，那个时候队里条件差，还没有随队按摩师和队医，虽然我们队员平时都会互相按摩，那也不能在这个时候找我吧？我不好意思跟他说我肚子疼，说了他也不会信，没准还得找我麻烦。犹豫了一下，我找了个借口说没带按摩滚轴，意料之中，他没有就此放过我，找了一双酒店的硬塑料拖鞋，让我用力地帮他拍肩膀。直到今天，没有任何人知道这段发生在全运会达标资格赛上午的插曲，我强忍着肚子痛，一下一下帮教练拍打着后背，心里委屈却不敢吭声。我不记得他跟我说过任何一句关于比赛的话，直到我说："我该去做赛前准备活动了。"他才让我离开。

冒着虚汗做完了准备活动，队友们都在准备着自己的比赛，算着时间。我们没有教练，不用妄想有人会来关心我们，只有在比赛的时候会有人帮忙报一下时。

为了考验选手的综合能力，从这个赛季开始，达标增加了7圈和13圈的综合成绩。

2004年9月22日，比赛第一天，7圈。枪响了，我享受在赛场上拼搏的滋味，我喜欢冰刀与冰面摩擦的声音，心里想着如何蹬冰，如何摆臂，如何分配体能。那天我根本没有听报表，因为我根本不相信男队教练报的是真实的秒数，我只是用力蹬着冰，用力呼吸，我知道 7 圈追逐是我最擅长的项目，我必须滑好！最终我的成绩是 1 分 13 秒 360，总排名第 13 名。

比赛第二天，13 圈。其实在上场之前，我就已经开始恐惧了，因为我知道没经过系统的训练，体能一定很差，长距离又是我的弱项，如果排到 40 名以外，A 标就跟我无缘了，无论如何也要争口气！枪一响，我闭着眼睛就滑了出去，低着头不敢看记分牌上倒数的圈数，等我感觉已经力竭的时候，抬头使劲一看，天哪，竟然还有 6 圈！那一刻，真希望有人能推我一下。我的腿已经开始慢动作了，余光看到对面的选手好像已经快追上我了，我一步一步地蹬着，仿佛有人在后面拽着我的腿，根本记不清最后一圈是怎么滑下来的，没累得摔倒就是万幸。场下没人为我加油，我也不期待谁为我加油，因为我滑得太差劲了。

最终成绩是 2 分 24 秒 183。此刻我已经无暇想结果，甚至无法脱冰刀，每次比完赛，尤其是达标，我都不能立即坐下，因为肌肉乳酸急剧上涨，体能和心率达到极限，气管里像喘出了血，火辣辣地疼。由于滑得太慢，我也不好意思表现出太累，只能站在凳子边上用仅剩的力气甩甩腿，晃晃肌肉，让乳酸分解一下，然后才慢慢地坐下来脱鞋。我不敢期待任何成绩，因为对手滑得实在太快了，按照上一年的成绩分组，我的队友们都在我之前出发，越往后面越快，再加上是全运会达标赛，所有国家队队员都来参赛，而此刻的我连学习的心态都没有了，小时候那个信心满满、被寄予厚望的张虹呢？国家队，国家青年队，甚至国家少年队，在我心里已经是个遥不可及的梦想了。

达标赛一直持续到晚上，裁判长的区域被无数人注视着。在如坐针毡的几个小时后，我们终于等到了最终成绩，13 圈我排在了第 37 名，两项成绩相加我排在第 29 名！我不敢相信自己的耳朵，这意味着我又一次达了 A 标！终于可以有全新的装备了，那是我期待已久的。开队会时得知，男队最好的队员因为失误摔倒了，除了我，没有一人达了 A 标。我没有任何表情，不卑不亢，既不为他们感到失落，也没有幸灾乐祸，因为我知道我的委屈与队员无关，我的成功也与他们无关。与此同时，我能感受到男队教练有多么恨我，因为我打乱了他的下一步计划。

多年以后听说，这一年我本来有机会去国家青年队集训，但是当时我的责任教练跟领导建议，让我留在队里带新队员，新队员刚进队需要目标。因此我错过了一次进入国家队、实现自己站到世界舞台梦想的机会。其实，其他队员也并没有因为我的存在，成绩有所提高。还有人说男队教练给国家队写了匿名信，举报我谎报年龄，制造障碍阻止我进步。

运动员和教练，好比千里马与伯乐，千里马常有，伯乐却很少见。虽然那时候我连只毛驴都算不上，但我和我的队友们共同经历了这样一个阶段，塞翁失马，焉知非福，这段经历锻造了我们无比强大的内心，也算是另一种收获。

第十九章

期待已久的新装备

终于，按起初队里答应的，能参加全运会的运动员发了整套的装备，除了我最急需的冰刀，还发了头盔、磨刀架、油石、连体衣和运动服。

我捧着一大箱新装备，爱不释手，小心翼翼地拿到房间，第一时间给妈妈打了电话，显摆了一下我的小成就。这里每一样装备都是靠我自己努力得来的。记得几年前我进专业队的第一双冰刀，是妈妈跟亲属借了5000块钱给我买的，当时我就下定决心，一定要靠自己的成绩，不再让家里借钱培养我。虽然我现在的成绩并不那么尽如人意，但拿到全运会资格也实现了近期的一个小目标。我最喜欢的是那副新款澳大利亚磨刀架，用毛巾擦过之后闪闪发光，因为是最新款，不仅轻便，还能调节磨刀刃的角度，就连国家队都在用，瞬间让我感到很

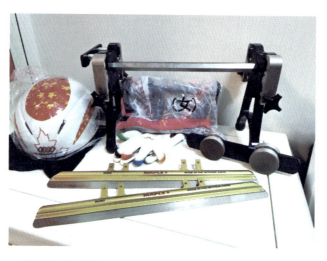

* 期待已久的新装备

彩虹奥运梦

骄傲。我实在太喜欢这副磨刀架了，不舍得马上用，小心翼翼地放在了床底下的箱子里。

　　事实上，队里只有少部分人拿到了参加全运会的资格，得到了新装备，这也是运动生活的残酷，总有一种压迫感逼着自己进步。果然没过几天，男队的一名老队员来找我，他是我非常尊敬的运动员，之前的成绩在国内名列前茅，今年有点可惜，因为受伤错过了第一站达标。我记得他至少比我大 10 岁吧，我叫他 G 哥。他说："你能不能借我你的刀架和头盔用几天？我看你也没用，你不是还有旧的吗。"在队里，成绩永远是资本，也代表了话语权，虽然特别不舍，但出于尊重，我还是忍痛割爱。"磨刀的时候小心别磕掉了漆。"这句话就挂在嘴边，我却没说出口。他转身说了句"用几天就还给你"便离开了。

　　直到几个月后他被调到了江苏队，我也没能等到他还我装备。因为不知道该怎么办，我只能硬着头皮去找他的责任教练。这时，男队教练已经在我拿到全运会资格后找我谈过两次话，他想让我跟他练，正式成为他的队员，还答应我想要什么装备都有。我想都没想就拒绝了，有了之前长期的心理阴影，明知山有虎，怎能继续向虎山行？他拿我没办法，继续找各种理由不让我们正常训练。我鼓足勇气敲了他的门，进门的一刹那，我恍然大悟，他似乎早已知道我会来找他。"老师，您好，之前 G 哥拿了我的刀架和头盔，您知道吧？我想请问一下他什么时候能还给我？""谁说那是你的刀架和头盔？那是队里发的公共财产。你不用，别人就有权利用！"我愣了一下，泪水夺眶而出，控制不住自己的委屈："谁说我不用了？再说，装备是我靠达标拿到参会资格发的，我用不用那也是发给我的啊！"不顾我的委屈，教练又跟我讲了一堆早已准备好的大道理，还没等他讲完，我就离开了。

　　期待已久的心爱的刀架和头盔，我再也没有见到过，那晚我一直哭到半夜。几个月后比赛的时候，我见到了 G 哥，他和教练说的是一样的话。我无法相信，自己对他多年的尊敬就这么轻易被他击碎了。

我没有告诉父母事情的来龙去脉，因为我觉得自己已经长大了，只愿意和他们分享开心的事情。那一年，回家的时间越来越少，身边最亲近的朋友就是队里一起训练的小伙伴。回想起相依为命的我们，总有一种感动萦绕心头。

彩虹 奥运梦

第二十章

捡瓶子

2006 年的夏天，哈尔滨掀起了一阵收废品的风波。哈尔滨八区有两个露天的田径场和两个室内滑冰馆，一个室内游泳馆，还有多个室内综合性场馆。无论冬夏，大部分专业体育队都在这里训练、生活，周围的居民和一些体育爱好者也会到这里来运动。炎热的夏季，运动员离不开水，水离不开瓶子，每天训练结束时，八区的垃圾箱里、训练场旁，全都是塑料瓶，但不一会儿就会神秘消失，它们去哪儿了呢？

"听说一个瓶子可以卖 1 毛 5，薄的也可以卖到 1 毛！"训练结束后，我拖着疲惫的身躯往寝室走着，无意间听到旁边有人在闲聊。回到寝室打听了一圈，看到其他队有的队员会把自己和室友喝完的水瓶子攒到一起，再送到废品站卖掉。于是，我也偷偷打起主意，在床底下找出一个大袋子，与我的两个室友，W 和 L，开始了我们的"捡瓶子"计划。此后一段时间，我们三个人每人床下都有一个装废品的大袋子。

不试不知道，一试吓一跳，原来空瓶子是那么抢手。我对此计划认真执行，训练的时候我会带一个空塑料袋，训练完先在场地周围扫一圈，然后追着看谁的水快喝完了，预定空瓶。每天两场训练结束后，拿着收来的瓶子回到寝室踩瘪，这样袋子里就可以多装一些。那段时间，踩瓶子变成了训练结束后唯一有趣的事情。其实踩瓶子也不是简单的事，易拉罐就很难踩，平时在屋里我们都穿着拖鞋，有时候踩偏了，易拉罐会在走廊里飞出很远，偶尔还会飞到其他寝室的门上，里面传来一声："谁敲门，进来！"后来隔壁寝室一听见走廊里踩瓶子的声

音，就知道肯定是从我们屋传出来的。这小小的插曲有时候会让我开怀大笑。回想起在专业队训练的日子，如果没有这种自娱自乐的精神，真的坚持不下去。那时候我们训练结束回到寝室，一头栽到床上，除了眼睛还能眨，哪里都不想动。

与我一起捡瓶子的两个室友，我们年龄相仿，十七八岁，性格相似，淳朴、善良，我们虽然来自普通的家庭，不过父母都会尽可能地把最好的给我们。在同龄人和其他队友都在攀比谁的鞋最贵、谁的运动服是名牌、谁的化妆品多、谁去了高档餐厅，我们一起吃苦、一起捡瓶子。那段时光令我印象深刻，我想，它也值得深刻。

妈妈有时会在周末上午来看我训练，然后接我一起回家。这天，离开寝室的时候，我从床底下拽出我的战利品——一个超级大的黑袋子。因为空瓶子并不沉，我一把就将袋子扛在了肩上。妈妈用疑惑的眼神看着我："这是什么？"我答道："瓶子！"去公交车站的路上有一个废品回收站，是时候变卖我的战利品了。通常也会有收废品的人来楼下收瓶子，但是经过我的考察，废品站给的价格更高。妈妈一

彩虹奥运梦

66

路没说话，也没问我怎么回事。我盯着收废品的叔叔数完瓶子，从破旧的腰包里掏出了 13.5 元递给了我，我超级有成就感地向妈妈展示，妈妈非常不理解又心疼地问道："你为什么要捡瓶子呢？你的零花钱不够花吗？你在哪儿捡了这么多瓶子？谁教你捡瓶子的？"妈妈觉得我一个女孩，背着一大袋子塑料瓶，看起来很不雅观。不过对我来说，捡瓶子是顺手的事，既环保又能卖钱，两全其美，我并不觉得这是一件丢人的事。

也是从那时候起，我意识到要靠自己的能力去赚钱，不知道捡瓶子算不算我的人生中除了偶尔比赛奖金之外的第一桶金呢？

第二十一章
韩教来了（上）

　　每天都像是有一场无形的斗争，折磨着我和队友们年少单纯的心灵，如今想起，十五六岁的我们是那么坚强，那么正直。虽然前方似乎看不到光明，我们仍然勇往直前。春假结束回到队里，2000 年进队时的教练再次找到我，建议我练大道（速度滑冰），虽然我内心对短道依依不舍，但我不得不做出选择，要么继续饱受折磨，要么尝试新的项目。因为没有责任教练，我已经尝试跟速滑队伍练了几天。从夏天的训练中就能感受到两个项目的不同，一切是那么新鲜好玩，却又很陌生。这种没有明确目标、没办法明确目标的心态已经不知道过了多久，从 2003 年到现在，运动员的黄金时期还能有几个三年呢？小时候那种优势和充满期待的目光早已不见了踪影，虽然还能达上 A 标，给自己仅有的坚持下去的理由。国家队里都已经有两个跟我同龄的女运动员，我的未来遥遥无期，到底该何去何从？短道速滑出成绩的年龄在 18 岁到 20 岁，"参加世界比赛"，从第一次见到杨扬姐那一刻，这个梦想就一直潜藏在心底。曾经有几次到北京参加比赛，在国家队宿舍的院子里徘徊，心里想着，我何时能来到这里？哪怕是一个赛季，哪怕一个月也好，至少我可以离世界舞台更近一点儿。可是看着自己的成绩，我觉得自己的想法很荒谬。

　　队里的领导很快就发现了队伍的状况，及时找了每个队员，还有一些队员的家长谈话。我记得我和妈妈去了书记的办公室，她问我："你想练速滑吗？"我没吭声，难以做决定。妈妈倒是很赞同，因为哈尔滨速度滑冰队在国内的成绩始终名列前茅，妈妈觉得我回到那个

* 与韩教合影

有目标的环境里更能促进我的成长。之后书记又说："我们聘请了一位韩国教练，如果张虹自己还愿意试试的话，我们建议她仍然练短道，毕竟距离下一届冬运会（第十一届冬运会）只有一年半的时间了。"我当时没有犹豫，因为短道速滑项目，中韩两国一直处于领先地位，我自己又有去韩国训练的经历，这是实现我参加世界比赛梦想的最后机会，在经历了几年的低谷之后，我终于再次看到了希望。

队里为此也投入了很多精力，做了一次大改革，男女队合并，按韩国教练安排的人数，各队选拔了近30人，准备通过几个月的层层筛选，最后留下精英队伍备战冬运会。

在这位教练出现之前，一切都是听说和猜想。据说他刚刚退役，只比我们大五六岁，或许还能和他学学韩语。无限的憧憬戛然终止在他出现的第一天。

夏天，早上8：15上冰课，我们7：30就到了场地，其实也不是场地，冰场外面就是马路，没有车，行人也很少。通常我们会做 30 分钟的陆地准备活动。那天，近 30 名队员陆陆续续背着冰刀走过来，有一大部分我都叫不上名字。大家有的闲聊，有的坐在马路边，一起期待着新教练的到来。大约 7：40，远远地，有个瘦瘦高高，走路晃晃悠悠，一看就有运动员气场的人走了过来，旁边还跟了一个 20 岁出头的小伙子，我们猜那应该是翻译。看到教练的样子，我们一瞬间变得轻松，心想这小伙子肯定能跟我们玩到一起去。然而，这种放松持续了不到一分钟，在他走近我们的时候，大吼了两句，翻译好像都吓了一跳，赶紧说："谁让你们都坐在地上的？从今天起，每当我来到训练场的时候，你们要站好队，跟我鞠躬！"时间静止了，大家都傻了，没人再敢说说笑笑。从那天开始，我们每天都在那里汇合至少四次，而随后的半年，我不记得教练曾对我们笑过，哪怕一次。

第二十二章
韩教来了（中）

看到训练计划的时候，我们再一次惊呆了：每天上下午两场冰上课，外加两次陆地训练和早操，一天的量和强度好像比之前一周的训练都多，而且周末无休。面临着队内选拔，我们别无选择。上午第一场冰上半场20圈5组，下半场接力2组；下午上冰继续20圈5组，下冰后还有陆地体能训练。

可能很多人对冰上训练的强度没有概念，那么接下来的描述可以让你有所了解。上午的训练持续到12：00，吃午饭，下午2：30至5：00继续上冰，下冰后只给我们10分钟时间换鞋、换衣服，再到田径场集合。如果你不知道滑冰的专项模仿姿势，那你一定知道什么是蹲马步。30分钟无休息的基本功训练，5组。此刻我想起来都觉得腿酸，真不知道当时是什么动力促使我们坚持下来的。第一天的训练状态已经从好奇到乏力，大家都看着表，期待着餐厅开饭，韩教能放过我们。结果是我们想多了，助理教练看出了我们的心思，提醒了他一下，我们则一边忍着腿上的酸痛，一边等着他说停止训练。因为人多，在他转头看其他人的时候，我们就趁机站起来抖抖腿，那是无比幸福的2秒钟啊！然而最后等着我们的却是："这组做完了跑25圈。"400米的田径场跑25圈，那是我们之前一整个周六的训练量，还要求每圈1分50秒，简直是天方夜谭！从那天早上上冰开始，我们已经记不清滑了多少圈，做了多少次蹲腿。还没等大家开始抱怨，翻译就开始喊了："快点开始跑，跑最后的挨罚！"男孩勇敢地冲在前面，女孩跟在后面，此刻无心想腿酸的感觉，只是不想自己受罚。从阳光明媚的下午到暮色四合，从下午几十支队伍到只剩我们一支队伍还在继续，饭后来散步的爷爷奶奶都进来看热闹了，而我们还在拼命地跑，为了完成他要求的秒数，偶尔在离他远的那个弯道我们绕一点点小圈，结果被这个聪明的韩国人发现了！他为了看着我们，让翻译和助教分别站在了两个弯道处。整个田径场的跑道上都是跑得零零散散、或快或慢的我们。天渐渐黑下来，在确定自己不是最后的时候，我整场扫了一眼，发现越跑人越少，有的直接躺在草地上，有的干脆坐在跑道上，韩教还在督促继续跑的队员。那些趴下的队员腿都抽筋了，因为做了太多的专项，又是早期恢复训练阶段，强度实在太大了。就在我暗自庆幸还有 5 圈的时候，在刚入弯道的地方踩到了跑道边上的小缝里，

* 我与韩教

彩虹奥运梦

其实也只是稍微倾斜了一下，右腿后侧的肌肉嗖地一下像聚集到了一起，再也动不了了，还好没摔倒，我单腿蹦着停了下来，看来是逃不过抽筋的命运了。韩教走过来，瞟了一眼里倒歪斜的我们："你们也称得上运动员？太差了！"又甩了一句，"明天早上5：30在宿舍大门口集合。"然后大摇大摆地走了。

那天，没有人跑完25圈，那是第一次，也是最后一次，他没有逼着我们完成训练计划或者惩罚我们。

接下来的几个星期里，我们每天早上5：30到6：30出操，7：15到冰场做准备活动，8：00到10：00上冰，10：15到12：00跳楼梯。下午2：30到3：00准备活动，3：15到5：00上冰训练，5：10到7：30体能训练。就连餐厅都为我们队伍将晚饭时间延到了晚上7：30。

难以想象我们是怎么熬过来的，然而这也只是刚刚开始，直到有一天……

第二十三章
韩教来了（下）

有一天训练结束后，韩教突然变得温柔起来，在压腿的时候过来跟我们聊起了天。他问："目前你们谁的成绩最好？"大家纷纷把目光投向我，当时大部分女孩还只是 B 标后段的水平，男孩在 A 标的也是寥寥无几，从达标的角度来评估，只有我一个人是 A 标。韩国选手普遍都是中长距离比较突出，训练当然也以中长为主，而我是中短，他要求的每天 5 组 20 圈冰上训练，我有时候还跟不上其他女孩。韩教当时很惊讶："你是队伍里成绩最好的？"他的欲言又止，让我感觉好像要发生什么事情。

果然，第二天，20 圈又来了，不但提高了秒数，还缩短了间歇时间，我的腿在完成第三组过后就已经跟棒子一样了，之前只练速度和力量的我，哪经得起这种魔鬼训练方式。果不其然，第四组，刚滑一半我就跟不上了，其实不光我一人跟不上，女队员里只有两三个平时中长比较好的队员还在拼命地滑着。没想到韩教今天十分反常，在冰场中间大喊，翻译在场下翻译："快点跟上！快点跟上！"谁不想跟上？那腿也不听使唤啊，我越落越远，边滑边用余光看着他朝我滑过来。突然，他把什么东西扔了过来，我下意识一躲，心想，多亏没打着。下冰之后，他很愤怒，吼道："我的秒表为了打你都摔坏了！不过你记着，下次再跟不上就不是秒表了！"依然是一脸严肃地结束了之后的所有训练。没想到几天后发生的事情，再一次证明了他的确没有开玩笑。

谁跟不上就会挨罚，大家都不愿意在太靠前或者靠后的位置，也

* 2011—2012 赛季，速度滑冰盐湖城世界杯站，与韩教重逢　　* 2014 年与韩教重逢

喜欢找技术好的队员跟着，这样省力。尤其是最后两组，每个人都筋疲力尽，每天的训练量和韩教的惩罚让大家的心态都特别焦躁，经常是还没过完今天就开始担忧明天。20圈当然还在继续，跟在后面的两个女队员为了抢一个位置，在起速时发生了争执，不但吵了几句，还相互动手推了几下。我们赶紧过去拉架，估计一大部分人心里都在想，是不是最后一组就不用滑了？接着，韩教把翻译叫到冰上来，让我们围成一个圈，两个吵架的女孩在中间，他还没说话，就用手按着两个女孩的头盔狠狠地撞到一起，瞪着眼睛说："你们打啊，我们看着你们打！"女孩们都被吓到了，男孩想去拉，却不敢。大家屏住呼吸，不敢说一句话。幸运的是因为冰时有限，浇冰师傅紧着催我们下冰，下场冰的花样滑冰运动员也到了场地。我们顿时松了一口气，紧接着，翻译喊道："快点脱鞋，10分钟之内到旁边冰场外圈的走廊集合。"

我们都不知道会发生什么，为了不挨罚，一秒也不敢耽搁。"跑10圈！"这个数字并不稀奇，韩教在训练前会自己先跑一圈，根据他的速度给我们制订计划。这里是另一个冰场的观众席走廊，平时没什么人，下雨的时候队伍会来此训练。

跑完了，该结束了吧？我们被叫到了看台后方的走廊，男一排，女一排，可怕的事情终于发生了，他把刚才的两个女孩再次拽到了我们中间，她们试图反抗，可是越挣扎，他就越愤怒，还拎起了旁边的消防栓，吼道："你们不是能打吗？现在让你们打，你们倒是没能耐了！"我不知道翻译当时是用什么心态跟我们吼的，我吓得已经闭上了眼睛。小时候因为目睹教练打队员，我跟父母哭着喊着再也不想练了。现在这一幕真实地发生在我面前，想起前几天的秒表事件，我隐隐感到不安，好像什么事情已经在等着我了！

彩虹奥运梦

第二十四章
我的期待，我的失败（上）

　　度日如年的日子没有尽头，队伍筛选的计划没有如期履行，队伍里的人却越来越少了，大多都是因为完成不了韩教安排的训练计划而自主离开的。他开始把重心转移到女队，距离实现一年之后的比赛目标时间实在太紧迫。

　　不得不承认，半年过去了，我的进步飞快，只不过永远无法满足韩教的要求。之前两年没有系统训练，突然这么大强度，对身体机能是巨大的挑战，幸运的是，我当时没有什么伤病，从小体质好，能吃能睡，还算恢复得快。

　　从他开始把注意力集中在我身上，用秒表打我的那天起，我几乎就没有任何一秒可以偷懒的机会，每一天都要练到没力气走路，从不知道什么叫失眠，随时随地给我一张床，躺下就能睡着。

　　我们现在已经不再恐惧20圈了，而是越来越繁重的陆地体能训练，因为上冰时间有限，而田径场可以为我们全天24小时开放。那天下冰又是在八区院内的综合馆外的楼梯跳台阶，这是我们最头疼并且每天都要进行的专项训练，五六十节楼梯凳中间只有一个平台，每次从跑开始，单凳一组，双凳一组，三凳一组，无间歇，这算是热身训练；然后用滑冰姿势双腿前跳，单凳、双凳、三凳各一组，再单腿前跳；接着是最累的环节，单腿侧向跳。每次到这个环节大约已经跳了一个小时，那天因为冰上训练完成得不好，所有内容罚双倍。我的心情从一开始的"跳呗，谁怕谁，又不是没挨过你罚"到"这都快过午饭点了，什么时候结束啊？我实在跳不动了"，零上30摄氏度的高温，已经

* 2007 年赛场留影

有男队员的衣服被汗水浸透得跟刚洗过一样，韩教怕他们感冒，给他们 3 分钟时间，跑到楼上换一件干的再回来接着跳。陆陆续续，有的队员已经累得慢动作了，这种专项跳的累跟跑还不一样，是耐酸训练，其实对冰上成绩的提高效果很显著，但是这一刻，哪有人还能想到提高成绩的事，就想着什么时候可以停止训练。我已经开始焦虑了，韩教拿着秒表，我跳一步，他就跟一步，恨不得三步就要冲我吼一句。那几句教训我的韩语，我绝对可以记一辈子。

正是午饭时间，院子里来来回回的体育队特别多，有的小队员停下来看热闹，有的则是看几分钟就赶紧离开了，因为练过的都知道被罚的心情，有的则是实在不忍心再看了。从他们训练完回宿舍，我们就在那儿跳；等人家洗完澡、吃完饭，我们还在那儿跳。我心里突然冒出一个想法：谁能救救我啊？我的脾气被彻彻底底磨平了，只要不让我跳，怎么都行。那一刻，仿佛像一个囚犯经历了无数酷刑与拷问，终于扛不住全部招供了，我按捺不住大喊了一声："我实在跳不动了！"大家的眼神唰地一下射过来，可能因为我是队里的核心队员，面对训练我几乎从未示弱，即使是练到趴在地上，也咬牙坚持。我以为我的第一次求饶可以得到宽恕，但期待最终换来的是韩教瞥了我一眼，"继续跳！"那一刻，我的心彻底碎了，低下头，眼眶里的泪水噼里啪啦地往下掉，瞬间在滚烫的台阶上蒸发了。此刻，已经分不清楚是汗水还是泪水，我后退了几步，不想被别人看到自己的委屈和懦弱，整理好心情，继续跳！

就这样，在无数节这样的训练课结束后，我们迎来了2006—2007全国短道速滑联赛第一站，赛季一打响就是6个月。我们都在期待着夏训的成果，我想，韩教应该比我们更期待。

第二十五章

我的期待，我的失败（中）

早在一年前，长春队为了提高队伍成绩也聘请了一位韩国教练，2010、2014两届冬奥会1500米冠军周洋当时就在这支队伍里。再加上我们队，国内仅有的两支外籍教练队伍，一时间和其他地方队形成了鲜明对比，理所当然也成了其他队伍关注的焦点。而两名教练私下还是朋友，赛场上当然也想证明自己的执教能力。

比赛的成绩很出乎意料，达标仍是我的强项，第一站7圈，我拿了第二名。而在此之前一年，周洋的成绩一直稳居第一，我这次并没跟她相差多少。第二站我似乎更有信心挑战自己的强项了，乘胜追击，我拿到了达标赛的第一名！但是，问题也来了，短道速滑比的不是达标，而是战术和策略，在比赛中我的能力的确很强，但是我不会超越，也没有路线意识，从500米到1500米，仍然是一轮两轮就被淘汰，还不如一些达标赛排在30名左右的选手。

韩教当然也意识到了这个问题，这也是他一年半计划的第二步，有体能才有战术。他开始大量布置滑冰路线和战术的训练计划，但我们心里都清楚，这需要时间和配合，摆在我们面前的事实是，我们现在正处于赛季，根本没有时间慢慢积累！

于是韩教想出了他认为最有效的提高水平的方法：从现在开始，女队员要减肥，并且给每人设立了目标体重。尽管训练再苦再累，看到成绩提高，我们对韩教还是有了一定的信任，每个人对自己也是信心满满。我先戒了红肉，后来干脆连牛奶和水果几乎都不吃了，餐厅为了减少我们主食和糖分的摄入量，特意增加了地瓜和鸡蛋。除了饮食上的控制，我们几个重点培养对象更是增加了训练量，出操和上午是正常的集体训练，下午我们则要比男孩早出来一小时，大腿、胳膊、腰部缠上三圈保鲜膜，再穿上冬天的棉服，先跑上 50 分钟，之后和男孩练其他的主要训练计划，训练结束后再这样跑上 50 分钟。9 月的哈尔滨，秋老虎肆虐，体育场里其他人都穿着短袖短裤，想象一下我们是多么特殊的一道风景线啊！当然，这还没完，晚上 9 点，我们还要到训练馆里跳绳一小时才能回去睡觉。

韩教拿着一个体重秤，每天早上来的时候先让每人称一下，晚上训练结束后再称一下。那段时间我们真希望他的秤丢了或者坏掉。他拿着一个小本子记录，要求我们几个女孩每天训练结束后的体重和第二天早上来的时候一样。可这时候还有晚饭和早饭没有吃，吃饭还是挨罚，取决于自己。别说吃饭了，为了不挨罚，我连水都不敢喝，有那么一段时间，一天都不上一次厕所，就连早上的米粥都被我换成了矿泉水。

加大训练量后，减肥的效果很显著，两个月的时间，我瘦了五六公斤，但是问题又来了，我发现我的耐力训练越来越好，但是我的速度和爆发力没有了，有时候甚至速度训练的起速阶段我都感觉很吃力。韩教更是着急，比赛越来越紧密，他的心态也愈发焦急，对我是一种恨铁不成钢的态度。

再后来，不知道他从哪里弄来一根冰球杆，发生过消防栓事件之后，我们一点儿也不认为他是闹着玩的，这纯实木的棍子抡在身上的感觉，我这辈子都忘不了。最记忆犹新的一次，冰上 7 圈训练，晚场冰，场上最后留下 4 名接力队选手，我是其中之一。他要求我们 9 秒 5 起速，只要降速到每圈 10 秒以上就要站起来重新滑。当然没那么简单，在重新滑之前，我们四个人要排成排，趴在冰场外围的挡板上每人接受一棍子。我想我和另外三个人同样恐惧，没人能在那么疲劳的状态下按他要求的秒数滑下来。整个场地，只有我们四个队员、韩教、翻译，还有楼上在清洁场馆的一个阿姨。

三组过后，第三次挨棍，我们不知道他用了多大力，不敢看更不敢躲，棍子抡起来到身上这段距离是最令人恐惧的！打完我之后，轮到我的室友 W，因为她太害怕了，身体自然反应，本能地一躲，韩教的冰球杆没能落在她的屁股上，而是重重地拍在了她的大腿上，她当场就跪在了冰场上。虽然因此拯救了我们，但 W 痛苦的样子令人心疼。在韩教离开场馆后，只听楼上扫地的阿姨说："你们怎么能这样忍受一个韩国人这么打你们？你们哪一个不是爸妈的宝贝女儿，为什么要在这里受这样的委屈？我都看不下去了！"

是啊，我们就是这样顽强地继续坚持着。回到宿舍，我室友的大腿后侧肿起了紫黑紫黑的、有两个手掌大的包，差不多有五厘米高，一个多月才慢慢消肿。而且，她没有因此落下过一节课。而我也曾经因为长胖了 0.5 公斤，站在秤上被韩教推了 50 多下脑袋。训练时摔倒拉伤，一瘸一拐走到医务室，队医说让我卧床休息两周，韩教的回答是："从今天开始，如果腿没有断，不准任何人请假旷课！"大半年的时间里，我几乎是两天不掉眼泪，三天早早的。我脸上的笑容消失了，内心和身体承受着巨大的恐惧和压力。无论怎么努力都得不到表扬，就连我第一次拿到了 3000 米全国冠军之后都要被罚跑一小时，原因是我没有主动超越，而是对手摔出去了我才有机会过人。

此时，我的身体开始出问题了……

第二十六章

我的期待，我的失败（下）

2007 年 3 月末，赛季结束，终于盼来了一年一度的假期，此刻没有任何事可以超越这三周休假的幸福感。从 2000 年进专业队到 2018 年退役，每年最期待的就是这三周的假期，除此之外，任何法定假期都与我们无关，包括春节。但 11 个月后的冬运会也在不断地提醒着我，距离实现入选国家队，参加世界比赛这个梦想，时间也越来越紧迫了，这也许是我运动生涯最后的机会了。

韩教在假期前给我们的任务是，保持一周三次简单的训练，最重要的是不能胖。"胖"这个字眼在过去的半年已经深深地刻在了我的灵魂深处，因为这个字我记不清挨了多少次打、受了多少次罚、流了多少眼泪。可是我发现，这时候我吃多少东西都没有饱的感觉，看什么都想吃，吃完饭不到一小时又饿了，夸张到有时候妈妈早上上班前留给我的粥，我甚至能把一锅都喝了，也没有饱的感觉。好像只要能吃的东西，不管是什么都可以，什么都好吃。我还感觉身体似乎有些异常，我的脸每天都是浮肿的，吃得再多也不上厕所，精神恍惚，但每天仍穿着棉服在楼梯间跳绳，路过的邻居总是用异样的眼神看着我。

就在回队前一周，妈妈发现了我的问题，除了训练和减肥的压力，我早已经忽略了身体给出的抗议信号，竟然两个月没有来月经了，在此之前好像也不是很正常。妈妈赶紧带我去了医院，抽了血，拍了CT，上上下下做了一番检查，从内科到脑神经科，最后医生给出的治疗手段是打激素。作为一名运动员，是绝对不可以用激素的。我也不相信，之前好好的自己怎么会突然病了。妈妈又赶紧带着我去了中医

院，中医说："这孩子是由精神紧张、压力过大和营养不良引起的内分泌紊乱，喝中药也只是辅助治疗。"我一心想着回队训练的事情，也没有心情听医生的唠叨，直到他的最后一句话："这病是从她自身来的，也许会好，也可能她一辈子都没有月经了。"我还没有意识到问题的严重性，可妈妈已经被吓坏了。

过了几天，队里通知我们回队做身体机能测试。按照惯例，体科所为了留下每位运动员放假后的身体机能初始数据，每年在恢复训练期间，我们都要做一次全面的体检，这也是科学训练的一部分。意想不到的是，结果出来之后，我被叫去谈话，队医问我最近有没有感觉哪里不舒服，建议我回家再休息一周，随后跟妈妈通了电话。到现在我也不知道当时是哪里出了问题。妈妈按照指示又带我去医院做了检查，我开始意识到自己好像有什么问题了。医生拿着化验单说："这里有 12 项指标，这孩子 11 项低于常人，其中有 2 项极低。"这是什么概念？我已经被医院的各种诊断吓到了，但更令我着急的是，大家都回队训练了，我什么时候能回队？

比其他队员整整晚了一周多，我终于回来了。韩教依然拿着他的秤，而当我站上去的时候，他先是看了下放假之前的记录，再看了一眼秤，那是我们之间最后的交流。他极度愤怒，甩给我一个无奈的眼神就走了。我竟然比一个月前胖了十多斤！他根本不理会我为何会变成这样，因为其他人都好好的。之后的一整个夏训，每天翻译都提醒我："你什么时候瘦到之前的体重，才能再跟着我们训练。"而整整一个夏天，我始终没有来月经，因为不能吃药，每隔一天训练之后就要去中医院针灸调理，浑身上下，从头到脚，扎上20多根针，那种疼无法形容。

因为倔强，因为委屈，我从未找韩教说过自己的想法，也不想找借口解释，但我没有放弃一天的训练，每天都跟在队伍的最后。韩教不管我，但我仍然听从他的安排。再后来，我们似乎形成了某种默契，或许是他看到了我的不放弃，或许是我对自己还有信心，在中期，我不但没有被大家落下，速度训练反而又找回了感觉。我们仍然没有交流，但很明显，他会特意安排一部分训练计划给我，比如训练前他不会像以前那样直接排序忽略我，而是会问大家今天的5组7圈谁想领滑第几组，然后由我们来举手表态，通常第二组都是由我来领。虽然没有沟通，但在冰场上，他比任何人都了解我。

这一年大家的成绩都有大幅度的提高，韩教的训练方式还是非常有效的，但并不适合所有人，当然，即使是顶尖教练的计划也不适合所有人。在这个赛季，我们也拿到了梦寐以求的全国冠军赛3000米接力冠军，队友们也纷纷拿到了单项的全国冠军，队伍的整体实力在国内也挤进了前几名，要知道一年之前我们大多数人仅能达上B标。只是我并没有韩教或我自己期待的那么出色。如果我没有生病，如果我还能再坚持坚持，如果……可惜没有如果！

直到2007年11月，也是我前前后后出现内分泌紊乱的11个月后，我的身体终于慢慢恢复了正常，但我依然很胖，而这时距离全国冬运会仅剩两个多月了！

第二十七章

最后的战役：第十一届全国冬运会

2008年初，我即将20岁，作为一名无缘国家队、国家青年队，甚至国家少年队的专业短道速滑地方队运动员，我已经严重超龄。5年前，全国冬运会，单项比赛7圈追逐，以1分11秒260获得第六名的往事还清楚地在记忆里浮现；5年来，经历了多次换教练，甚至没有教练、没有训练场地、没有冰刀，挨打、挨罚，节食、生病……我付出了全部精力、时间和体能配合韩教。终于迎来了我运动生涯的最后一场短道速滑比赛——在齐齐哈尔举办的第十一届全国冬季运动会。

1月末，比赛拉开帷幕，气氛却比我想象中平静。比赛以市为单位，所以我们要跟省队重新组队，代表哈尔滨参赛。原有的接力队被打散，

* 第十一届全国冬季运动会

加入了两名当时水平更高、经验更丰富的原国家队选手。此次冬运会增设了团体项目，每名选手上两次单项比赛再加上接力的积分，最终计算总成绩。当时平均实力比较强的还有七台河市代表队和长春市代表队，在单项比赛角逐之后，我们的积分不相上下，最终能否夺冠，取决于最后的接力赛成绩。

　　上场前，我们用心安排战术，因为是团队作战，每个人心中或多或少都有压力，一步也不敢掉以轻心，尤其是交接棒的时候，生怕自己给团队拖后腿。短道速滑的接力比赛是变数最大的项目，金牌在此一举。3000 米，27 圈，第一、第二棒是主力接四次，第三、第四棒接三次，我当然是后两棒的选手，我的任务就是在滑行的时候不被对手超越。当然，过程中还有很多战术，有时候一名选手为了完成超越要滑行两圈半，在冲刺的时候还要调整到最强的实力。教练指挥是一方面，和队友默契配合、互相信任才是关键。那场比赛，队员们拼尽全力，我们一直处在第一或者第二的位置上，但没有大幅领先。直到我滑完最后一棒，我们仍然是第一位，我才松了口气，看着最后两棒激烈地争夺。最终，我们率先冲过了终点线，却没有立刻欢呼，因为场上超越很多，四支队伍都在等着裁判的最终判罚。我的心提到了嗓子眼，紧张地期待着。不幸的是，裁判对我们做出了阻挡犯规的判罚。最后，七台河市代表队获得了团体赛金牌，长春市代表队获得了银牌，哈尔滨市代表队获得了铜牌。犯规的姐姐很自责，但是如果我们每个人都可以再快一点儿……团队作战，赢了一起狂，输了一起扛。只是我知道，在接下来的单项比赛上，我再也没有获得奖牌的机会了。

　　一周的比赛在一场场拼尽全力中结束了。我曾经的强项 7 圈追逐，这次甚至没能滑出 5 年前的成绩，而其他单项比赛均没有进入半决赛，这是否意味着我的短道速滑生涯就此结束了？

* 站在领奖台上的我，内心五味杂陈

　　回到房间，我默默地收拾着行李，回忆起 7 岁时第一次滑冰的情景；12 岁面临着入选专业队，妈妈让我在学习和滑冰之间做出选择的时候，我毅然决然做出决定——滑冰，我是如此热爱这项运动！从区比赛、市比赛到省比赛，再到全国比赛，无论是家人还是自己，都倾尽所能，难道这一路走来都是错误吗？此时的我应该后悔当初没有再多跑一圈、没有再坚持一下、没有再多练一天吗？可是我真的已经付出所有了，多少次练到走不动路，多少次被打到委屈流泪，多少次梦中惊醒，多少次肌肉酸痛不能入睡……

　　擦着冰刀，心里滴着血，想起家人对我的期待，父母是多想证明他们当初让我练滑冰是对的选择；想起老师、同学对我的不解，仍然记得初中语文老师当着全班同学的面指责我，"练体育就是四肢发达、头脑简单"，我无力反驳。曾经对自己是那么有信心，可现在呢？

　　训练再苦也从未想过放弃运动生涯，但此刻的我该何去何从……

第二十八章
告别与重逢

随着第十一届全国冬运会结束，我的金牌梦再次破灭，拖着疲惫的身体和极度的失落灰溜溜地回到了哈尔滨。韩教即将结束他的任教期，这意味着我又要回归到以前没有教练、没有前景的日子了。20岁的我，一无是处，前方没有路，后方是悬崖，我站在岔路口一脸迷茫。此时，传来消息，我的一名队友入选了国家队，那是我从12岁成为一名专业短道速滑运动员起就向往的地方啊！有再多失落也只能怪自己做得不够好，还不够努力。

最后一场冰上课，我们为韩教举行了简单的告别仪式。在我们出现矛盾后，我们之间再未有过正面的交流，虽然我们有默契，但倔强使我们错过了很多次配合的机会。那天，他并没有像以往一样上冰，而是跟翻译站在护栏外，依然用他那严肃又带着一点儿失落的眼神看着我们。队员们一一与韩教道别，轮到我了，翻译叫我过去，我却不知道说什么，甚至不敢直视韩教，心底涌起复杂的情绪，歉疚、难过。还是韩教先开了口，他从未这么心平气和地跟我说过话，此刻我再也不用害怕他拿着冰球杆打我了。"张虹，你很有滑冰天赋！在韩国，没有任何一名队员瘦了20斤又胖了30斤还能滑冰并且成绩优秀。"我的脑海中瞬间浮现出过去一年半我们训练时的种种画面，那些辛酸和成就都有他的陪伴：他坐在冰凉的水泥地上给我们磨刀，一磨就是四五双；拿着我进决赛的分组表，他紧张得手直抖；罚我们时严厉的表情，打我们时恨铁不成钢的样子，但我知道那都是为了我们好，为了我们能出成绩；他还自己出钱买最好的冰刀给我们，我的鞋坏了也是他第一时间想办法在韩国找到合适的寄给我……他做的所有事都是为了让我们进步。他继续说："对不起，我因为着急让你们出成绩，用了一些过分的手段，我别无选择，因为你们的基础实在太差了！"我有些惊讶，那个从未展露过笑脸的人是在跟我说对不起吗？有多少次我做得不够好，应该承认错误的人是我啊！"我欣赏你的滑冰天赋和你的冰感，并且想帮助你，我必须承认你是一个滑冰天才。如果你还有梦想，我愿意自己出钱让你到韩国最好的俱乐部训练！"刹那间，我失落的心情突然被点亮，真的吗？我还有机会实现自己的梦想吗？我真的热爱这项运动，它是我的一切！"但前提是你还需要减肥！"他的话音刚落，我的逆反情绪瞬间被点燃，已有大半年的时间，谁跟我说减肥，我就不由自主地恼火，因为"减肥"这两个字，我被打被骂被罚了无数次，这一刻我无法抗拒内心的叛逆，我说了唯一一句话："谢谢你，让我想一想。"

韩教走的时候，大多数人都流下了眼泪，我内心无比纠结，纠结到不想承认他要走的事实，自始至终我没有掉一滴眼泪。其实，我从没有恨过他，因为我知道他为了让我们出成绩已经付出全部了，那种破釜沉舟的劲儿，和我一样。

多年以后，我在美国盐湖城参加速滑世界杯的时候再次遇到了韩教，那时候他正在美国短道国家队执教。未见其人，先闻其声，远远地就听见他报表的大嗓门，那声音我永远也忘不了啊！等我跑过去，他激动得连训练都顾不上了，从冰场里蹦到垫子上和我拥抱。这个瞬间实在太温暖了！所有的不开心早已被时间冲散了，一切复杂的情绪都随着时间释怀了，我们就像多年不见的老友，热泪盈眶。他训练结束后，是我的热身活动，短短的 20 分钟，他能听懂一点儿中文，我能听懂一点儿韩语，就这样，我们用中文、韩语、英语聊了起来。他

彩虹奥运梦

＊ 多年后与韩教重逢

问我参加什么项目，我说 500 米和 1000 米，他笑得前仰后合，因为他知道我的起跑不好。我无法辩解，因为我的起跑确实不好。随后，他竟然穿上冰鞋和我一起上冰，特意看了我的技术，很用心地教了我弯刀的蹬冰方向和发力方式，这一切都是在语言不通的情况下完成的。他的眼神依然那么执着，好像多年来他一直是我的教练。我记得，我当然记得那些刻骨铭心的技术动作，曾经上千次上万次地重复，只可惜那时候我还不能完全把短道的优势和速滑结合起来。后来，当我的成绩达到顶峰的时候，一个又一个细节动作拼凑到一起，才让我成为目前世界上瞬间时速最快的女子速滑运动员。

也许韩教曾用错误的训练方式伤害了我的身体，但是他磨炼了我的意志，让我不轻言放弃。感谢运动生涯中每一位曾指导过我的人，没有他们就不会有索契冬奥会中国第一枚速度滑冰金牌！

第二十九章

跨项速度滑冰

2008年2月，再过几个月，我就20岁了。过去近一年，内分泌失调，压力过大，让我的身体仍然处于病态中，神经衰弱，情绪异常，睡眠和饮食都不规律，生理指标也持续紊乱。我是不是该告别运动生涯了？不知道为什么，这种想法时常会浮现在我的脑海里。整整一年半，能付出的都付出了，打也挨了，罚也受了，饿也忍了，我不禁怀疑自己不适合当运动员，同时也没有队伍可以让我待下去了。

周末回家的公共汽车上，我接到队里领导打来的电话："张虹，你想练速度滑冰吗？"我下意识蹦出来一句："啊？我能练速度滑冰吗？好啊，可是我没有冰刀。"接着领导念了一串手机号码，以及一个名字——冯庆波——一位大名鼎鼎的教练！"从现在开始，你所有的事情就找他吧。"冯庆波教练之前是黑龙江省队的知名速度滑冰运动员，当年国内的冠军几乎拿了个遍，之后到哈尔滨市队执教。在我刚进市队时就听闻过他的大名，那时他已经培养出了多位短距离速度滑冰全国冠军、亚洲冠军，以及取得世界名次的运动员。再后来，他又连续培养了多位奥运冠军。可以说，不管是在赛场上拼杀，还是在幕后执教，国际、国内所有赛事的速度滑冰的金牌，他或他带领的队员都获得过，堪称速度滑冰大满贯。当时很多速滑运动员都争先恐后想跟冯庆波的队伍一起训练，能成为其中的一员，我感到无比荣幸。

一通电话，一双冰鞋，一个星期一，就这样我第一次站在了速度滑冰的冰场上。当天我才知道，那双冰鞋是冯教练自己的，我的脚比他的小一点点，刚好能穿，而那双冰刀是世界上独一无二的，是教练

＊ 速度滑冰冰刀，短道速滑冰鞋，速度轮滑鞋，
它们静静地陪伴着我

＊ 改项后，我穿上了新冰刀

亲手做的。后来我穿着这双全世界独一无二的冰刀一直滑到退役。来
到新冰场，我当然很兴奋，我曾看过速滑比赛，但训练还真是第一次看。
一百多名选手有序地排好队，跟着节奏左一下右一下，他们从你身边
滑过时，刮起的一阵风甚至能让人打冷战！而 400 米一圈的跑道怎么
滑、多少秒一圈，我完全没有概念。我们队里当时有将近 20 名队员，
以男队员为主，七八个将近一米九的男队员穿上冰刀往冰场上一站，
真是一道风景。大多数队员都是同龄人，虽然没有过多接触，但每天
在同一栋宿舍楼生活、在同一个餐厅吃饭、在同一个场地进行陆地训
练，所以彼此并不陌生。教练安排完训练计划，回头跟我说了一句话：
"从今天开始，你不用再想减肥的事了！"哇，这是我近一年半听到

* 训练中的我

的最动听的话。"只要训练你能完成，想吃多少都可以！" 我突然后悔为什么没有早点儿来速滑队。但是接下来几个月的训练，我才充分理解了这句话的真正含义，速滑训练能让人累到一整天都吃不下饭。

速度滑冰的冰场分三条跑道，练习道、内道和外道。通常大家在训练的时候会滑内道，为了安全起见，在练习道上站起来休息。刚穿上速度滑冰的冰鞋，我并没有马上适应，鞋帮又软又矮，鞋带好像怎么系也系不紧，尤其是克莱普冰刀的后托能抬起来，弯道的时候一用力踩，人就会失去重心，刀弯刀弧都比短道刀小，蹬冰的时候根本用不上力。我在练习道小心翼翼地滑着，既好奇又想着好好表现，这是我唯一能继续当运动员的机会了，如果冯教练再不要我，我该怎么办啊！我使劲压低重心，以前韩教经常会拿着刀套或棍子在一边吼我，"蹲低，蹲低！"突然，冯教练冲我喊了一句："你蹲那么低，滑得不累吗？腿还没滑酸就蹲酸了，以后不用蹲那么低！" 难道冯教练会读心术？我没听错吧，幸福感再度袭来，既不用减肥又不用蹲低，莫非挨饿挨罚的事情都解决了？冰上训练课结束之后，我犹豫着问了冯教练一句："您看我适合练速滑吗？"他看了我一眼："我对你很有信心，就看你对自己有没有信心了！"我有多久没被人肯定过了？虽然脚上那双极其陌生的冰刀我还没有完全适应，但是被信任的感觉真好。

自此，新的项目、新的教练、新的队伍，我开始了全新的速度滑冰之旅。因为是赛季末，大家都刚参加完冬运会，几周冰上课之后就是春假了。速滑队的氛围特别好，队友们都很愿意帮助我，每天训练时都会尽可能地教我技术。曾经的我，先是换教练，再是没教练，最后是韩教的魔鬼训练，此刻的我仿佛来到了幸福的天堂。

冯教练是一位少言寡语却极有威严的教练，队里从大到小、从男到女，没有一名队员不怕他，经常是一个眼神递过来，我们立马知道

＊ 我与教练冯庆波

＊ 改项后的第一本日记

该干什么。他也是一位很有个性的教练（后来我总结，高水平的教练和运动员都有自己独特的个性，他们用十几年、二十几年，甚至一生钻研一件事，可谓是运动场上的科学家了），平时除了在训练场上出现之外，几乎很少能看到他。队里队员很多，重点队员也多，甚至前两年我几乎没有机会跟冯教练单独交流过训练心得。

这一开始便是十年！好多年后，冯教练告诉我，当时领导给他打电话："你认识张虹吧？"他说"认识"，领导接着问："那个胖队员（他们那时候都开玩笑叫我大胖子），你觉得怎么样？"冯教练说："全国冠军应该没问题。"后来他跟我说，他也不知道什么原因，都没看过我滑冰，只是莫名其妙对我有信心。领导说："你要是觉得行，就让她跟着你练练吧，不然挺可惜的。"最后又加了一句，"死马当活马医吧！"从身体机能的角度来看，这句话形容我当时的状态，恰如其分。整整三年，我的身体才恢复到正常人的状态。

第三十章

速度滑冰与自行车擦出的火花（上）

虽然速度滑冰（Speed Skating）和短道速滑（Short Track Speed Skating）都叫作速滑，但实际上二者有着很大的区别，从冰上器材、专项技术、训练场地、比赛规则到训练方法、理念，几乎完全不同。短道速滑在训练中强调专项能力和战术的训练，而速滑最直接的要求就是体能。想要在比赛中提高半秒，就意味着要在这一年的训练中不断提升自己的体能。冬天有五个月是赛季，所以提升能力最关键的阶段是夏训。

刚开始，冯教练给我的定位是练全能项目，我的主项是 1500 米和 3000 米。速度滑冰的单项是从男女 500 米到最长距离女子 5000 米和男子 10000 米的比赛，紧邻的两个项目特点相似，比如 500 米和 1000 米、3000 米和 5000 米。每一个项目都有不同的训练方法和针对性，一般情况下，全能和短距离项目是要分开练的，就好比田径的 100 米短跑和 10000 米长跑项目的运动员是没办法开展同一个训练计划一样，速度滑冰也是冰上项目中唯一的竞速项目，被称为冰上的田径比赛。

我们的训练周期性也非常明显。每年的 5 月中旬到 7 月末是体能储备阶段，我称之为"公路杀手"，因为每天都要在公路上完成训练。周一、周三、周五，公路轮滑；周二、周四、周六，公路自行车。自行车的训练强度、腿部肌肉发力方式和速滑相似，几乎全世界的速滑运动员在夏天都会进行公路骑行。

自行车训练阶段开始之前，教练问我会不会骑车的时候，我特别自信地说："会！"因为 4 岁的时候，爸爸就开始教我骑自行车，后来我也经常自己骑车去训练，只是我从没在高速公路上骑过赛车。老实说，开始我还是非常期待和好奇的，可是，一周过后我就开始为我的天真后悔了。

为了完成公路训练，我们特意搬到了哈尔滨周边的一个镇子上，出门5分钟就能上高速，周边方圆儿公里都是庄稼地，人烟稀少，只有我们20多人在这里默默为梦想付出汗水。

每逢周二、周四、周六，我们都是早上7：40准时下楼，按照惯例，先检查自行车上的各部位零件是否完整，再确保防护装备齐全、车胎气充足，然后才能出发。我们的自行车是五颜六色的，衣服也是色彩斑斓的，20多个人排着队好像在马路上刷出了一道彩虹，回头率百分之百（通常没人，偶尔会有在路边卖香瓜的农民爷爷）。教练会根据天气情况对计划稍做调整，但最短100公里，最长140公里，于我而言简直是天文数字，骑行的每一分钟都是煎熬。教练开着一辆蓝色小皮卡跟着队伍，保障大家的安全。皮卡车斗里装着修理自行车的工具、备用车胎和补给，车上还有一名助理教练。每次刚出发10公里，我就开始想，我的车胎什么时候能扎呢？这样我还能趁助理教练换胎的时候休息一会儿。一开始，我期待坏天气，以为可以减少公里数；后来才知道，风大会增加阻力，不仅仅是累的问题，还很危险。为了让我们专心，教练不允许我们戴耳机听音乐或者互相聊天，头盔也是必备的。为了减少阻力，我们的队伍会侧向一字排开，后面选手的前轮紧紧跟着前面选手的后轮，通常保持20厘米左右的距离，稍稍走神或是轻微晃动，都会影响后面一整排的节奏，所以要时刻保持精神高度集中。教练会在车窗外挂一个大喇叭，提醒我们注意速度、心率和后面要超上来的大车。

每天只要上了高速就没有回头路，前方只有无尽的笔直的马路。

＊ 骑行途中遇到的庄稼地

＊ 骑行训练

周围一望无际的庄稼地见证着我们的奋斗；同时，我们也见证着庄稼的成长，从 5 月刚刚开始长苗，到 7 月玉米秆已长到一人多高，时光不语，却默默见证一切。

如果赶上零上 30 摄氏度以上的高温，远远望去，马路上像是有一层缥缈的蒸汽，看上去像海市蜃楼一样。我总是低着头看着前面队友的后车轮，左腿蹬一下，右腿蹬一下，心里碎碎念："集中精力！""再多坚持几分钟！"偶尔从身边驶过一辆大货车，会产生一股巨大的吸力，自行车会顺势倾倒，尤其是最后几十公里，人已经极度疲劳，非常危险。虽然我很努力，但每次到终点，腿都累得无法挪动，腰依然保持着骑行的姿势，要缓半小时才能完全直起来。如果赶上周六下午没有其他训练，我就会躺在床上看着天花板，一直到天黑，累得动也动不了，睡也睡不着。即使是这样，不争气的我，在前两年的自行车训练中，没有一次从头到尾完整跟上过队伍。

第三十一章
速度滑冰与自行车擦出的火花（下）

原本以为韩教的短道训练是全世界最累的，没想到跟速滑相比只是小儿科。冰感和专项曾是我的优势，跟速滑队训练以后，我竟然有种十几年滑冰白练了的感觉。隔行如隔山，速滑训练这两年，我完全体会到了这种力不从心的感觉。

此时此刻，我没有退路，能做的只是尽可能缩短跟其他队友的差距。

公路自行车训练主要是为了提高我们的有氧耐力，要求全程心率在 150 次 / 分 ~ 160 次 / 分，男队员领骑，女队员跟随。我们每个人都戴着心率表，每骑行 10 公里就要跟教练汇报一次心率，不仅记录自己的强度，同时还能知道所有人的心率。那时我总是很困惑，为什么前 20 公里是热身的阶段，别人心率都在 140 次 / 分 ~ 150 次 / 分，我就已经达到了 160 次 / 分 ~ 170 次 / 分？为了不让人看出自己的体能差，通常我会少报点。但是体能说不了谎，一过 30 公里会有两段坡路，这是大家开始进入状态的时候，但我已经筋疲力尽了。赶上状态好，我拼尽全力能跟上第一段坡路；要是状态不好，便能听到教练拿着喇叭吼我："刚出发你就跟不上，快点跟上！"我也想跟上，但是腿不听话。因为不能把我自己扔下，教练只能用车带我跟上队伍，一次骑行前前后后要带我无数次，无形中增加了危险系数。教练也经常生气，在保证安全的情况下，剩最后 20 公里时会把我自己扔在后面。偶尔赶上大风，再加上上坡，农民爷爷的驴车都比我蹬得快。有时候我真想下来推着车走一段，心里一直嘀咕着，这辈子我再也不想骑自

彩虹奥运梦

行车了！很多次等我骑到驻地，大家都已经吃完饭洗过澡了。教练也有不忍心的时候，安全把大队伍送回去后会再回来接我，我最期待的就是看到远处影影绰绰的蓝色皮卡，似乎那是我唯一的救命稻草。但也有几次令人哭笑不得的场景，几位教练坐在马路边，一边等我一边吃着香瓜，看我精疲力竭地骑过来，还取笑我："我们这一兜子香瓜都吃完了，你还没骑过来。你是不是跑到田地里睡了一觉？"

我被公路骑行训练折磨得无精打采，经常在周六训练完躺在床上，目光呆滞地盯着天花板，如果不用吃晚饭，可以一直躺到第二天。那时我对骑自行车产生了恐惧心理，熬过了第一年，可是还有第二年，第三年……道路的尽头在哪里，我看不清。

果然，第二年的夏训，我们又回到了呼兰。教练找我谈了一次话（貌似是前五年唯一的一次单独谈话），大概十分钟，他很严肃地说："如果今年你的自行车能力再不提高，你就要面临转业回家了！"毫无退路的我多想让这股压力变成动力，可现实是我的能力的确不足。

这一年，我们队换了一辆依维柯，每次公路训练，教练从倒车镜可以更清楚地看到队伍的行进。有了第一年夏训的经验，我的骑车能力提高缓慢，跟车经验却日益见长。我发现每次教练带我跟车的时候，离得越近，风阻越小，骑行就越省力。于是，我试着把车控制在离依维柯只有10厘米的距离，竟然不用怎么蹬也能跟得上，但又不想被教练看到我轻松的样子，就一直低着头装作拼命的样子，期待能多跟车几分钟。教练通常会先以比较慢的车速带我，追赶队伍要一直加速，车是手动挡的，每次换挡对驾驶员都是非常大的考验。现在想想都很后怕，假如有任何一次换挡和离合没配合好，我的车轮若碰在车上，后果不堪设想。即使是速度控制得好，我也无法看清路面情况，哪怕一粒小石子也会酿成悲剧。如今回想起来，那时的自己很无知，不懂得敬畏生命，我不想为当时的小聪明辩解，也不想指责当时的自己，只是突然想起小时候每天坐在爸爸的自行车后面去训练，无论冬天路面多么滑，我也一点儿不担心会摔倒，也许这是另一种不用言语的默契与信任吧！

我的行为有时候也会吓到队友。每次教练会把我带到队伍前面几十米，他继续加速，这样能保证我再次跟上队伍。在我跟着车超过队伍的一刹那，队友总是会惊叹不已，有人半开玩笑地说，感觉我当时像法拉利一样从他们身边冲了过去，他们的余光可以看到我的车轮紧贴着依维柯，不仔细看还以为我被固定在车上了。教练偶尔会挑战我的极限，试探我到底能骑多快，有几次甚至加速到了 70 千米 / 时，我还在后面紧跟着！我想，这也许是我和教练在公路上的完美合作。教练开玩笑说，在后视镜里，他只能看到我的头盔始终顶在玻璃上。后来他们集体为我起名"车膜"，因为我是那么紧密地贴合着车在骑行。

我和教练之间的信任是从公路自行车训练开始的，我非常感激当时在队伍里有那么多全国冠军的情况下，他对我的不放弃。我用生命信任着他，他用经验保护着我。虽然骑行训练让我饱受折磨，但在团队的陪伴下，我的成长突飞猛进。

彩虹
奥运
梦

第三十二章
速度轮滑训练

除了公路骑行，另一项我从未接触过的运动就是速度轮滑。当初我也非常纳闷，为什么练速滑要同时接触这么多不同的运动项目？慢慢我了解到这是速度滑冰项目的特点之一，全世界大多数速度滑冰队伍都是采取这种多样化的训练方式。速度滑冰是一项包容性很强的体育项目，一些选手可以在夏天参加自行车或是轮滑的比赛，冬天再回到速度滑冰。多种运动同时进行，也让选手们在短暂的运动生涯里参与了更多的运动项目，得到了更多展示自己的机会。在我们队里，教练对训练计划进行整合，各项运动训练配合得天衣无缝，直到把你最后一丝的体能榨干。

自 2000 年初，城市的公园里、广场上，一度流行双排轮滑，我在周末偶尔也会跟同学或队友去玩。但这次我们要穿着单排速度轮滑鞋在高速公路上滑，这可不是开玩笑的。我们训练的公路一侧是排水渠，另一侧有两排车道，一排是正常行驶道，另一排是超车道。为什么我们要选择在这里练习？一方面是轮滑训练不能有坡，因为阻力会让我们的训练强度得不到控制；另一方面是我们的轮滑鞋没有减速功能，下坡非常危险。轮滑训练和自行车训练的另一个不同点就是，自行车是一直往前骑，即使被队伍落下，也可以在路边慢慢骑回去。但是轮滑是要左右蹬，每一下都要完全交换重心，如果赶上吹侧向风，能把人吹到马路中间，后果不堪设想。每次训练，教练也依然亲自开车，确保我们每一个人都在他的视线之内。

危险系数大也意味着并不是所有队员可以同时参与轮滑训练。我在短道训练中从没有强化过直线的训练，因为超越和加速基本都在弯道完成。年初的几周冰上课，直道滑行一直是我最难突破的，所以这一次教练决定无论如何也让我跟着大家一起练。我当然知道教练的用心，也特别想让自己的直道技术有所提高。但是穿上轮滑鞋，我甚至连随意溜达都控制不住重心，前后左右地晃。先别说能否跟上队伍，就是我自己滑都随时感觉要摔倒，加上轮滑鞋特别沉，前几次的训练，我的小腿肌肉和胫骨前肌每天都是又酸又胀，晚上赶紧自己按摩，不耽误第二天的训练。

教练的耐心是有限的，他给我们每个人的机会也是有限的。开始几次，我坐在车上看着大家滑，大家休息的时候我下去滑。后来60分钟间歇有氧训练，队友们是两分钟滑行、两分钟休息，当然休息时也要慢慢往前滑行，并没有完全停下来的机会，就连喝水都要用一只手扶着车。滑行的时候，我差不多可以跟上一分钟，等大家站起来减速的时候，我再继续追赶。可后来我发现，我根本没有站起来休息的机会，通常一蹲下就是一小时。好在大约三周后，我渐渐地能跟上队伍了，虽然滑得不够好，但毕竟这是我能跟大家保持节奏统一的第一步。

2008年7月末，到了轮滑训练的最后阶段，这时哈尔滨已进入炎夏，白天甚至可以达到零上30摄氏度以上。教练带着我们干了几次疯狂的事，回想一下，不仅很疯狂还很过瘾。有一天，结束了上午的专项训练，看着烈日似乎要把公路都烤化了，教练突然宣布："下午休息！""耶！""太好啦！"大家刚喜出望外地欢呼了几声，只听教练继续说道："晚上轮滑训练！"啊？公路上没有灯，晚上怎么进行轮滑训练？一堆堆问号从脑海中冒了出来。

傍晚，太阳还没有完全落下，教练开着小卡车，拉着一车全副武

装的我们向目标公路驶去。到了高速路口，我们全部下了车，教练打开了前车大灯，让我们在前面滑，他跟在我们后面为我们照亮。刚完成一半的训练计划，天就几乎完全黑了，虽然我们知道危险，但是每个人都特别亢奋，好像在跟时间比赛，没有一个人退缩，反而越滑越起劲。最后结束训练的时候，天已经黑到只能看到车灯前方十几米远的距离。

为了让我们能保质保量地完成训练，教练苦思冥想，绞尽脑汁。他是一个对训练计划有着绝对原则的人，甚至可以把四年的大周期细分到每一天该用什么样的强度完成训练。后来我们出国比赛，哪怕是坐了30多个小时飞机，下飞机到酒店第一件事仍是训练，就差在机场也训练了。曾经我也认为这很荒唐，十几年的训练，难道就差比赛前这一次吗？但是多年的经历告诉我，是的，就差这一次训练！速度滑冰是与时间赛跑的项目，我无数次看到以 0.001 秒与金牌擦肩而过的场景，这项运动比的就是毫厘之间的惊心动魄，而这些微乎其微的细节便取决于每天的训练质量。

彩虹奥运梦

第三十三章

与世界选手零距离：加拿大，卡尔加里

夏训结束后，要开启另一个重要的训练阶段——冰陆结合，要把夏天积累的体能和冰上的技术相结合，同时这也是赛季来临前提高成绩最关键的两个月，因此我们队伍选择了一个非常特别的冰场。

早有耳闻，目前在全世界，只有两个冰场有机会打破速度滑冰的世界纪录：一个是海拔 1300 米的美国盐湖城，2002 年冬奥会的举办地；另一个则是 1988 年冬奥会的举办地，海拔 1000 米的加拿大卡尔加里。速度滑冰是竞速项目，项目特点与田径和游泳类似，在氧气稀薄的高原场地，虽然选手呼吸困难，但同时也会减少阻力，通常会比在平原提高 5% 左右的速度。举例说明，女子 1000 米比赛，平原场地的成绩一般在 1 分 15 秒到 17 秒的选手，在卡尔加里或盐湖城的场地会达到 1 分 12 秒至 13 秒。所以每当在这两个城市举办比赛，速滑选手都是奔着打破世界纪录或是创造个人最好成绩来准备的。

2008 年，我终于有机会踏上全世界最好的冰场之一——卡尔加里！我们选择了这里作为第二根据地，不仅仅是因为每年 8 月和 9 月的高原训练有助于整个赛季的发挥，也因为可以遇到其他国家队的选手，让我们这些还没有机会迈出国门的运动员与他们零距离接触，开阔眼界。

没有对比就没有伤害，从我开始接触速度滑冰，每天都是在国内的场地训练，虽然我的队友们都是国内最高水平的选手，但从技术、冰感、节奏等方面，跟世界顶尖选手还是有一定差距的。当然，亚洲选手和欧美选手的身体素质本就不同。在这几周里，除了和大家一起

训练，我最喜欢的事就是到冰场看其他国家队上冰，他们中有来自各个单项距离的世界前八名，当然不能错过现场观看的机会。看他们滑冰简直是一种享受，如果能赶上同一时间上冰训练，还能有机会跟在他们后面滑上两圈，那种对技术的领悟好像瞬间就提升了。我也经常从短道的角度分析他们和国内选手滑冰的区别，尤其是入弯道的位置和左右腿重心交替。有时候，队友会充满疑惑地看着我，问道："你确定滑冰是你理解的那样吗？"我不确定，但我能确定的是，自己和队友的差距还很大，和世界一流选手的差距更是想都不敢想。

在短道速滑领域，我自认是冰感比较好的选手，尤其是最后阶段，我对冰刀的要求特别高，前后左右调整一点点，夸张地说一根头发丝的距离都能让我感到不舒服，韩教也是非常有耐心地配合我，但最后还是把两只冰鞋的螺丝都拧坏了。刚穿上速滑刀的这一个多月，确切地说是前两年，我似乎都没有找到任何滑冰的感觉，这种感觉就像是你无法驾驭冰刀，而是冰刀在控制你，虽然每天都在训练，但灵魂并没有与身体有机结合。也许这就是每一种运动的魅力，只有经过长时间的训练和体会，才能渐渐打开心扉，享受运动带来的乐趣。

另一个障碍则是每次站到冰场上，脑袋里浮现的都是短道速滑的技术，直线因为重心移不过去，经常是别人滑 3 幅步我要滑 4 幅或者 5 幅步，而越是注意短道的技术就越跟不上大家。弯道好像是我的优势，但我又跟大家相反，教练让我们在练习道上体会技术，而我经常会有想滑进场地内圈的水泥地的感觉，后来我发现，滑外道的弯道很有挑战，没有离心力我连蹬冰都不会，不但没有优势，滑到外道降速也很明显。

就这样，从开始速度滑冰训练的那一天起，我的心里一直都在做着自我评估和判断，哪一种技术和短道速滑相冲突，哪一种用力方式

彩虹奥运梦

是应该继续保持加强的，自身弱点是什么，应该突破哪个环节。我必须承认，教练和身边的队友每一天都在尽自己最大能力帮我解答问题、给予我指导，很多疑问都是在探讨中得到了答案。当然，更多的技术和冰感只能通过一次次的训练，一点一点地掌握和领悟。首次加拿大之行也为我的速度滑冰之旅开启了美好的篇章。

第三十四章

改变

专业运动员和业余运动员最大的区别是，前者以比赛为核心，后者则是体验运动的过程。我们的任务是在每年9月末到次年3月末这近半年的赛季里参加至少10次比赛（包括省、全国、洲际、世界），不是在比赛，就是在赛前准备，或是赛后调整。除了对体能是极大的挑战，心理调整也是极为重要的。

2008年初，转到速度滑冰项目几周后的一个队内小测验中，1500米项目我滑出了1分13秒的成绩，这个成绩刚刚好达标全国健将。速度滑冰的全国健将等级相当于年轻速滑选手的中考，是评估青年运动员未来潜力的第一大关。早在十几年前，凭借速滑的全国健将证可以在国内很多知名大学拿到入学资格。但对我而言，此时的自己早已过了青少年时期，带着短道速滑曾经拿过全国冠军的成绩转项，虽然力不从心，但内心还是对自己有更高的期待，尽管我还没有真正开始了解这个项目。

目前，我国是世界上拥有速度滑冰场馆最多的国家。因此我们的国内比赛可以在多个城市举办，例如，哈尔滨、长春、沈阳、齐齐哈尔、大庆等。近几年，在新疆、北京、内蒙古、河北等地也修建了全新的速度滑冰场馆。

这不，2008—2009速度滑冰全国联赛，我的第一个速度滑冰赛季也即将启程。哈尔滨站，可以说这个场馆既熟悉又陌生，熟悉是因为这里其实就是我们平时的训练场地，陌生是因为全国各地的选手突然聚集在这里，气氛突然变得紧张起来。赛前准备活动，选手们井然有

* 改变，不仅仅是训练细节，更多的是心态

序地滑行在冰面上，我从未同时和这么多人一起滑过冰，充满了好奇心和新鲜感。当时速度滑冰项目应该是国内冰雪运动里注册人数最多的，可想而知，几百名选手里，除了我的队友和教练之外，其他队员我一个都不认识。

想融入这个集体貌似并不简单，随着第一天比赛的开始，各种尴尬的场景持续出现。首先是准备活动，我的队友们积分都排名靠前，我是第一次参加比赛，所以要最先出场，因为时间不同，我也要一个人完成赛前准备活动。虽然教练已经安排给每位队员精确的准备时间和上场时间，但我毕竟没有经验，十分紧张。虽然是第一次参加速滑比赛，但我对比赛的流程并不陌生，心想七八年短道速滑的比赛经验怎么也能用得上吧！于是乎，当天一大早，我背着冰刀，拎着磨刀架和油石，认认真真地做完了冰上准备活动，找到代表队的休息室，开始第二次陆地准备活动。当我推门走进去，已经在里面休息的十几名运动员齐刷刷地看向我，又看了看我手里拿的磨刀架，沉默了几秒，疑惑的表情似乎在问，这是哪儿来的新人？我也突然意识到了自己哪里不对劲，环顾四周，休息室里每个人除了冰刀和比赛服之外，只有我带了全套的装备，这让我有点尴尬，但我仍然疑惑，比赛可以不用带磨刀架吗？除此之外，和短道比赛相同的是，赛前30分钟冰上准备活动之后有一次陆地热身，但不同的是，速滑场地内圈有一条练习道，比赛前10分钟左右要再做一次冰上热身，完全根据选手自己的感觉和特点调整内容。当我站上去的时候，完全是一头雾水，冰面上不允许逆时针滑行，400米一圈还要提前计算着发枪的时间。这样做是有原因的，速滑比赛没有预赛、次赛、半决赛，所有的个人单项比赛都是一次定输赢，这非常考验选手的能力，如何能调动自己的体能在最短时间里发挥出最好的水平，这也是之后几年我一直钻研的课题。

其次是比赛，我第一次参加速度滑冰的比赛项目是1500米，教练亲自上场为我报时和指导。这一点和短道速滑也有很大区别。短道速滑比赛中，教练会随时根据场上变化来指挥战术，选手不但要一边滑行一边听声（后面选手超越、教练指挥）、看场上变化、预判形势，还要控制自己的路线。但是速滑比赛中，教练只会告诉你上一圈的时间，再做一些技术的提醒，其他安排都会在赛前做好，确保选手在比赛过程中完全专注于自己的体能分配。可是我当时哪知道这些常识，速度滑冰1500米要在400米的跑道上滑行3圈零300米，教练的区域在换道区附近，这也意味着1500米过程中，算上起跑，我可以看到教练四次。在短道速滑项目最后两年跟韩教的训练中，他一再强调场上和教练的眼神交流，我也仍然保持着这个习惯，除了在换道区看教练，甚至滑到对面我都恨不得歪着脖子看他。说实话，他的表情很严肃，让我自己都有点尴尬，更尴尬的是比赛结束后我们每人要到他那里报到，他说了一句："你不好好滑冰想技术，看我干什么？"严肃是教练的一贯作风，但他并没有生气，只不过我有些不善言辞，尤其是面对教练，我没做任何解释，乖乖地回去自己做了总结。

　　这是我和教练在比赛中的第一次配合，虽然小插曲很多，但我能感觉到他对我的重视，毕竟并不是每一位选手，每一次都能得到教练亲自上场指导的机会。

第三十五章

硬伤

随着赛季的深入，500 米、1000 米、1500 米、3000 米、5000 米，每一个项目教练都让我尝试，我也渐渐进入改项的新阶段——了解速度滑冰的比赛特点。

有人会说，运动员应该已经习惯累了，我想说，没人会习惯。比赛中，看着怎么也滑不到终点的倒计时牌子，心里总是一阵挣扎，这400 米一圈的跑道怎么这么长啊！滑到终点，冰刀都来不及脱，躺在凳子上两眼一闭，大口大口地喘着气，十几分钟才能回过神来。一次比赛可以充分准备，但每周都有比赛，挑战的不仅仅是体能，对心理更是极大的考验。休息室里、赛场上、酒店里，也经常能听到选手们因为比赛强度太大而刺激心肺的咳嗽声。而这些辛苦背后唯一可以安慰自己的便是冲过终点线的刹那，看到自己的成绩比上一次提高了一点点，但惊喜并不常有。

新鲜感过了，是时候弥补自己的不足了，滑行节奏和体能分配都有明显改善，只有一个硬伤就是起跑。不仅仅是我，这是所有短道速滑改项速度滑冰选手最难突破的环节。由于冰刀结构的不同，加上习惯了短道起跑的发力方式，改技术听上去简单，执行起来就像是习惯了正着走路，突然让你倒着走路并且还要求速度一样难。而起跑关系到每一个项目的比赛成绩，3000 米，似乎起跑慢一秒对全程并无大碍，但是 500 米呢？这一秒可能意味着被甩出前 20 名。先别说起跑了，从站到跑道的那一刻起，我就被彻彻底底征服了。

速度滑冰比赛中，选手站上跑道的瞬间非常有仪式感，只有两名

彩虹奥运梦

选手庄重地站在那里，面前宽阔的跑道正期待着你的表演！发令员会先介绍每位选手的名字和代表队，举手示意之后，抖抖腿做一次深呼吸，"各就各位！"两名选手同时移动到出发线，"预备！"做好起跑蹲曲姿势。问题来了，短道速滑的发枪特别快，根本不容你思考，大家就抢了出去；但速滑不同，发枪前要求选手静止三秒钟，就是这短短的三秒钟可把我害惨了，从500米到3000米，我就没有一次不抢跑。静止的三秒钟，我的内心根本无法平静，观众、教练、裁判、摄像机都注视着你，心里又想着跑出去的所有技术环节，压低中心、侧蹬、摆臂，甚至如何进弯道。结果还没等蹲下，腿就开始抖，想太多也会导致紧张。终于把腿控制住了，胳膊又开始晃，哎，这心动身不动简直是太难了！先是教练再一再二不再三的提醒，然后是受到裁判长的警告。赛后反复看自己的比赛录像，发现我的手指头竟然也一直在动，教练无奈地评论着："你的末梢神经不受自己支配吧！""抢跑你能跑得快也就算了！""枪是打你腿上了吗？"听着像是玩笑话，作为当事人，我则无比尴尬。不仅如此，抢跑还很危险，速度滑冰的比赛规则是只允许有一次抢跑机会，第二次无论谁再抢就会被罚下。虽然在比赛中有些选手会利用这个规则给对手施加压力，但是多数时候选手们还是会遵守比赛规则，尊重对手，也保证自己不受干扰。

比赛中的不足，从训练上来找，每天在大家结束训练后，我都尽量赶在浇冰之前多练几次起跑，反复看着别人的动作，自己却怎么也模仿不出来。我根本无法找到起跑的发力方式，别人都是蹬出去，我是站着跑，别人蹬一步向前五米，我跑一步只有两米。后来发现这不仅仅是技术问题，很显然，我的肌肉类型并不适合短距离，反复的错误动作导致我经常把大腿肌肉练到拉伤。

但这是我必须攻克的难点，长春站比赛前，我和往常一样趁大家

＊ 不断练习起跑动作

结束训练的最后几分钟，赶紧来到起跑区域，其他队的教练和队员就站在我旁边的保护垫外，我的余光能瞥到他们在看我，心里多了几分焦虑。我做好起跑姿势，心里默念着“一，二，三，跑”，无法形容当时的自己有多么笨重，就像一只吃饱的企鹅站到了冰上一样，里倒歪斜，还差点左脚踢右脚摔出去。此时冰场上只剩我一人，一瞬间把旁边的人逗得前仰后合，我赶快灰溜溜地下了冰，偷偷摸摸巡视了一圈，庆幸教练没看到这一幕。我并不害怕别人的取笑，换作是我，可能也会乐趴下吧。我只是感觉很惭愧，队伍里的其他人都是每个项目前三名的选手，我要何时才能追上他（她）们的步伐！

多年后，教练说，当时他也经常听到其他教练半嘲讽的建议：“这个大胖子不行，你就让她提前转业算了！”我们都承受着各自的心理压力，却不评论也不责怪，在逆境中一点点进步、一点点改变，我的队友们尽心尽力无条件地教我、带我、帮助我，而谁也不知道这条路我们究竟会走多远、走到哪里……

第三十六章

多么痛的领悟

在转项速度滑冰的第一个赛季过后，我渐渐地融入了国内速度滑冰的氛围，不但熟悉了每个项目的特点，朋友也渐渐多了起来，比赛当然也不会再有陌生的感觉。值得一提的是，在 1500 米的比赛中，我经常能挤进全国前八名，成绩从开始的 2 分 13 秒提高到了 2 分 8 秒左右，队友都夸我进步飞速，我内心也会有点小骄傲。和以前在短道速滑的成绩相比，虽然我每次都能达标进 A 段（全国前 32 名），但进半决赛的次数还是屈指可数的。刚来速滑一年多就能跻身前八名，真是太不可思议了！

可是，我逐渐意识到，在短道比赛中，只要进了半决赛就有机会进入决赛，进入决赛就意味着有希望拿前三，即使我没有绝对的实力，也可以等待时机，或许有选手犯规，或许跟随大家留着体能等到变数最大的冲刺点。可是，速度滑冰这个项目，选手极少犯规或者摔倒，几乎不可能因为幸运而站上领奖台。

速滑和短道的另一个区别是，速度滑冰在 500 米、1000 米、1500 米的项目中，从起跑开始拼尽全力，在第一圈达到瞬间时速的顶峰，之后无论你怎样分配体能，最后都是以力竭的状态冲过终点线，也意味着此时的时速是比赛全程除起跑之外最慢的阶段；而短道速滑比拼的是战术，无论哪一个距离项目的比赛，通常都是最后一圈的时速最快。由此可见，两个项目的特点完全不同。而在短道速滑训练的最后阶段，我的优势是可以利用弯道小离心力大，以快速维持很多圈，但这好像跟速度滑冰毫无关系。

随着时间的推移，第一个赛季我在第八名左右，第二个赛季我还是第八名左右，危机感油然而生，教练严肃地警告我："第三个赛季若你还是不上不下的状态，就考虑转业吧！"

是啊，在现实的运动生涯中，从第一次开始参加比赛，名次就是我们唯一的话语权。前有山，后有虎，不进则退。清晰可见的金牌目标，分等级的用餐标准，当然还有奖金制度和工资待遇，全部和成绩相关。没有任何一次比赛会因为你生病、受伤、没发挥好而重新再来一次。

我发现速度滑冰越来越难了，之前在短道速滑的比赛中，如果我

* 每次训练完，眼睛充血、精疲力尽是常态

只比一轮，那就意味着接下来的一整天我都可以休息。可在速度滑冰的比赛中，每一次每一项都要竭尽全力，没有人在前面领滑，也没有人在后面和你配合，给你助力。只要站在起跑线上，就要独自完成比赛，人在筋疲力尽的时候会产生一种孤独感。个人女子最长距离的项目是5000米，要滑8分钟左右，这显然也是最令我痛苦的项目，每次挣扎着完成比赛，我都要在换鞋凳上躺半个小时才有力气脱下冰刀。每次滑完5000米，我的眼睛都会有不同程度的充血，还会咳嗽好几天，无一次例外。

此时，我对速度滑冰的美好憧憬已经被现实打磨得黯然失色，国内都无法冲击奖牌，何况是我站在世界舞台上的梦！

第三十七章

从全能改短距离，从哪里摔倒就从哪里爬起来

速度滑冰的比赛分为短距离全能和大全能，世界锦标赛、全国运动会以及全国冠军赛，计算奖牌的方式不同于奥运会、世界杯，是按照全能和短距离这两个大项来颁发奖牌的，由四个单项的成绩相加来计算总分。

短距离全能分为两个 500 米和两个 1000 米，大全能分为 500 米、1500 米、女子 3000 米和男子 5000 米、女子 5000 米和男子 10000 米。比赛过程中，只有前三项总积分排名的前 12 名才有资格角逐最后一项的比赛。不仅考验每位选手的综合实力，还有心理素质，因为在任意一个项目上出现失误或者是犯规，就会失去总成绩。虽然这并不是奥运会计算奖牌数的规则，但由于综合了选手的各项能力，大大提高了金牌的含金量，这一比赛规则沿用至今。

速度滑冰在 400 米的跑道上进行，不仅只是距离不同，每一个项目也有不同的起点或是终点。起点有 5 处，分别在跑道的进弯道、出弯道和直道段；终点线有 2 处，其中 1000 米和男子 10000 米是在最后一个冲刺直道的 50 米处，其余所有项目都是同一个终点。

根据距离的不同，选手要在起跑或者冲刺阶段做不同的训练和体能分配。比如刚开始转项的前两年，我练的是大全能，我的爆发力不好，耐力又不突出，速度是我的优势，所以我的主项只能被定在 1500 米。但直道技术也是我的弱点，而 1500 米的起速和冲刺都是在直道，并且是 100 米整条直道。起速比别人慢点不会有较大差距，可是每次在最后 100 米冲刺的时候，只要有对手，我几乎都会输，害得我多次

被教练批评打击，说我没有拼搏意识。

直到 2010 年这个赛季，教练让我尝试了一次 1000 米的比赛，1 分 23 秒的成绩虽然只排在十几名，但我突然发现 1000 米比赛的起速和冲刺都只有半个直道，我可以利用弯道的速度来弥补直道的不足，两圈半的距离不长不短，刚好和我在短道的强项 7 圈的用时差不多。我开始喜欢上了这个不会让我累到眼睛充血的项目，但是考虑到短距离全能有 500 米的比赛，而我此时连全国前 20 名都挤不进去，能否把主项定在 1000 米，还得教练来做决定。

我知道我必须要滑出好成绩才有机会说服教练，终于等到了决定命运的第二次全国联赛——沈阳站。教练似乎也发觉了我的小心思，赛前强调了几次让我充分准备并亲自上场为我指导。

为了告别痛苦的 5000 米，我急切地想好好表现自己，比赛开始，内道出发，我的状态还不错，一个劲地往前滑着，看着身边的对手被我落下，心想，这次我肯定能滑出好成绩了！一圈过去了，到了换道区，教练使劲为我喊着节奏，我也顾不上听他喊什么，还是一直用力地蹬着冰、摆着臂，直到第三个弯道滑出去，裁判提示还有最后一圈的铃声响起，我突然意识到我貌似没有换道！一瞬间我不知所措，用余光看了一下场外的观众，他们的笑声证明了我的判断是对的。

突然回过神来，半圈之前教练挥舞着手臂大喊的好像是："外道！外道！"已来不及思考更多，从换道区的对面换到了外道，虽然知道自己已经犯规了，但我仍然尽全力完成了整场比赛。

为此能找到的唯一的借口是，我确实是第一次来到这个场地，观众看台和浇冰车的位置和其他场地相反。但我更愿意相信，过分紧张、准备不充分、盲目用力，是导致这次惨败的主要原因。

又是一场失败的比赛！这两年，不被看好、出洋相、犯错误、他

彩虹奥运梦

＊ 2011赛季留念

人的怀疑，甚至是嘲笑，每一次都深深地打击着我的自尊心。面对教练之前，我心里做好了挨骂的准备，可是等来的竟是他很少见的笑容，他说："今天你滑得不错，我那么大声喊你换道你都没听见，太专注了吧！这是你第一次滑串道，情有可原，我原谅你，下次好好准备！"

我再一次被感动了，我从来没有像这样被理解过，如果换作韩教，我指不定要挨多少棍子、被罚跑多少圈！也没有任何一个队友取笑我，反而都在为我解释是场地原因才导致我滑串道。我心里的自责和失落在他们的理解和包容下瞬间变成一股动力！就这样，在后来的比赛中，我的错误越犯越少，进步也越来越多。在2010—2011赛季的比赛中，我正式改为短距离运动员，并在2011年1月的全国冠军赛1000米比赛中拿到了我在速度滑冰项目的第一个全国冠军！

第三十八章

离梦想更近了

从7岁开始接触滑冰，12岁进入专业队，13岁开始参加全国比赛，到20岁转项速度滑冰，那个埋藏在内心深处的、时常令自己失落的、有朝一日站在世界舞台上，身穿带国旗的比赛服，和全世界选手同场竞技的梦想，终于在这一刻实现了！

2010年12月4日，2010—2011赛季速度滑冰短距离世界杯长春站。这并不是本赛季的第一站世界杯，通常两三年才会有一次中国城市承办世界比赛的机会，这次也是因为长春承办比赛，国内参赛名单临时进行了调整，我才有幸被选为候补选手，并在国内参加了我运动生涯的第一次世界级比赛。

除了被通知参加世界杯的惊喜以外，让我兴奋不已的还有赛前一周收到了国家队下发的装备，满满一大箱，我把它们全部拿出来试了一遍。手里拿着印有国旗和CHN（中国）的比赛服，心里一阵感动，为了能穿上它，我流了多少汗水和眼泪、受了多少委屈，甚至挨了多少次打。从短道到速滑，看着队友们经常整装待发去参加世界比赛，我只恨自己不够努力。这一刻，我20岁，终于有机会站在梦想的舞台上，所有的付出终于得到了回报。

当然，这并不是结束，比赛只是另一段旅程的开始，而真正的压力也才刚刚袭来。我被选为本次世界杯女子短距离比赛四名候补选手之一，因为每个单项的名额有限，我们只能分别参与不同的项目。赛前的会议中，领导多次强调，每个人每项只有一次上场的机会，每次的成绩都将决定你能否参加下一场比赛。用大浪淘沙来形容运动员的

彩虹奥运梦

生存状态一点儿也不过分。首先，选手们要在自己的国家队里进入前几名，按照国际滑联的规则，达到世界比赛的最低标准，才有资格进入世界杯的 B 段，根据积分，通常每一站只有排在第一的选手能上升到 A 段，A 段则采取 20 名选手末位淘汰制。当然，世锦赛、世界杯总决赛和奥运会，都是在这个基础上更进一步筛选。而此刻我要面对的是如何能参与下一次比赛，短距离世界杯站只有 500 米和 1000 米的比赛，就凭我 500 米的表现，很明显，只有 1000 米才有机会让我留下。

　　心里的忐忑也没能阻止我第一次参加世界比赛的兴奋，我们提前五天搬到了大会统一安排的酒店里，每天和全世界的速滑选手一起吃饭、一起训练、一起坐车去冰场。每个国家的选手会穿着各自代表队

＊ 我与美国速度滑冰奥运冠军沙尼·戴维斯

的服装，上面印着每个国家的国旗，老实说，有部分国家我根本叫不出来名字，于是赶紧和队友用手机查找。看着不同肤色、不同国籍的运动员同时出现在一个冰场的时候，我瞬间感受到了体育的魅力，也为自己能成为她们中的一员感觉到小小的自豪。最激动的是从前只在视频里出现的奥运冠军，此刻出现在眼前，内心的敬佩和仰慕丝毫无法掩饰，但也只限于远远地用眼神表露崇拜，我甚至不敢靠近一步。

直到比赛当天，我的好奇心才被拉回到冰场上，所有第一次参加比赛的选手都要从 B 段开始，我们也不例外。我对长春的场地很熟悉，状态也不错，第一天在 1000 米比赛中，我滑出了 B 组第二的成绩，1分 18 秒 820，第二天顺利进入 A 组。第二天的 1000 米比赛，我跟韩国选手一组，发挥稳定，再一次滑出了 1 分 18 秒 951 的成绩，在 A组排第 11 名。我没敢想过，第一次参加世界比赛可以取得全世界第11 名的成绩。这个成绩不仅让我自己很惊讶，同时也让全世界的速滑

彩虹奥运梦

队意识到了，中国又有一名新秀挤进了世界前 20 名的行列中。速度滑冰的新秀并不多见，除了 500 米比赛的变数大以外，个人单项的前 10 名几乎几年不变。不过，在 500 米的比赛中，我滑出了 39 秒 810 的惨不忍睹的成绩，只排在 B 组仅有 11 名选手的第 4 名。

就这样，我顺利地拿到了参加后几站世界杯的资格，加入了世界比赛的行列中，在速度滑冰的最高舞台上，和队友们一起为中国力争一席之地。与此同时，我又有了新的目标和梦想，世界冠军就在我面前，她们不再遥不可及，如今踮起脚尖，那象征荣誉的桂冠触手可及。但我也深知 10 名的差距、2 秒的距离，仍然需要披荆斩棘，而我知道那必将成为我前进的动力！

第三十九章

初见：世锦赛

2010—2011 速度滑冰单项世界锦标赛是本赛季末的最后一场比赛，这场年度最高级别的比赛当然也是门槛最高的，只有本年度所有世界杯站单项总积分排名中取得一定名次，才可以拿到入场券，对于我们这些才刚刚入学的小学生来说，简直是至高荣誉。

2011 年 3 月 4 日至 6 日，赛前一周，我们还在荷兰海伦芬参加本赛季最后一站世界杯的比赛，排名第 20 至 30 的选手都在力争这最后入围德国因策尔单项世锦赛的机会。本年度总共 8 站世界杯，我参加了其中 5 站的 1000 米，争取到了入围资格；而一直在 B 组流浪、惨不忍睹的 500 米，我只参加了 3 站，在有限的人数里排第 30 名。

比赛结束的当天晚上，领队下发通知，队伍分成两队，拿到资格的选手周一出发去德国，部分选手和随队人员启程回国。比赛的日子经常是这样计划没有变化快，现实又残酷，不讲一点儿感情。还有另一件让我担忧的事情，教练组也做了调整，只有一名责任教练带队，但他并不是我的教练。这几年，无论训练还是比赛，我从来没有离开过教练，看来此刻我要独自上场了。

荷兰离德国并不远，也没有时差。因策尔位于德国巴伐利亚州，是一个历史悠久的小城，以优美的自然风光和速度滑冰历史闻名。速滑馆建在山脚下海拔 600 米的地方，之前是全世界有名的无风室外场地，我们来的时候刚刚重新改造成室内场馆，原木的设计和大自然融为一体，十分有格调。出了机场，已经是傍晚，最深刻的印象是一路都没有看到高层建筑，除了山脉就是路边一幢幢小房子，这是一座美丽的小城。

　　这次比赛与世界杯有所不同，增加了开幕式的环节，这也是我第一次参加这么有仪式感的比赛。比赛的前一天傍晚，我们被召集到市中心的小广场上，带队的是因策尔当地的小朋友们，他们举着各国国旗带领我们穿过一条很窄的石头路，我们向护栏外的观众挥手，与他们击掌，他们的热情让我感觉每个人都是世界冠军。简单的仪式过后，大部分选手回到了酒店，留下观众参加后面的狂欢派对。城市很小，以至于回到酒店打开窗户，依然能持续感受到人们的热情。

＊ 热情可爱的因策尔小朋友

　　教练不在身边，时而放松，时而心慌，总感觉心里不踏实。这不，就在1000米比赛的前一天，糟糕的事情终于发生了——生理期来访！这是我最怕的事情，平时训练总可以调整一天或者减量，但遇到比赛，没有丝毫商量的余地！此时谁也不能救我了，只有硬着头皮上场了。

2011年3月12日下午，1000米比赛当天，我昏昏沉沉地来到了冰场做了简单的准备活动。因为难受，一整天都没吃东西，但为了有足够的体能完成比赛，我逼着自己吃了一根香蕉、喝了一杯牛奶。晚上6点，比赛正式开始，按积分我被排到第三组，内道。赛前一小时，我在休息室里一身虚汗。我平时很少出汗，即使夏天训练也不会像其他选手一样汗流浃背，用虚弱来形容当时的我一点儿也不夸张。我默默地鼓励自己，让自己看起来尽可能强大，除了室友知道我难受以外，我不想露出半点破绽给对手。除此之外，我也不断提醒自己，这是本年度的最后一场比赛了，一定要拼尽全力！

　　枪一响，我咬着牙冲了出去，把一切难受的感觉抛在脑后，两圈半的最后一个弯道加冲刺段，我超过了对手，最终以0.16秒的微弱优势赢了，以1分17秒90拿到了本赛季的最好成绩。当然这也跟高原

彩虹奥运梦

场地有很大关系。来不及和观众挥手示意，我强忍着肚子痛走下了冰场，一屁股坐到凳子上开始挣扎，队医看到我的表现猜到了我的情况，赶紧跑过来帮我脱冰鞋，我已经僵硬在那儿不知所措。穿好鞋的一刻，我突然感觉到反胃，站起来抱着旁边的垃圾桶把香蕉和牛奶都吐了出来。由于比赛还在继续，队医搀扶着我到了休息室，我无法形容有多么难受，肚子一阵阵抽痛，这种疼远远超过了刚结束比赛时腿上肌肉的酸胀感，无论队医怎么帮我止痛，帮我按穴位，搓后背，我只能蜷缩着身子倒在地上，一动不能动。大概 20 分钟过后，有队友回到休息室大喊："虹虹，你进前八了，第七名！"我意识到自己应该很开心，但是我甚至连一个眼神都无法回复她。直到一个小时后，我终于活了过来！其实这并不是第一次比赛赶上生理期，我也知道在赛场上越是拼，赛后疼痛就越剧烈，但我别无选择，比赛是我的使命，我必须尽己所能！但拼到吐是第一次，其实也是唯一的一次，至今我跟教练说，他都不相信，因为那几年在他心中，我是一个累一点儿就退缩的小胖子，拼搏意识在我身上毫无体现。

回到酒店，虽然身体极其疲惫，但是想着自己竟然拿到了世界第七名的成绩，内心的兴奋还是难以控制。这时，耳畔传来了一阵阵喧闹与欢呼，原来是篝火晚会，在因策尔，大家以这样的形式来迎接这场盛大的比赛。我一边听着窗外传来的音乐，一边把冰刀、刀架、油石、比赛服整整齐齐地收拾到行李箱里，期待着后天踏上回家的路，幻想着如何度过一年一度的春假。天色已晚，站在窗边，吸了一口带着一丝丝马粪味道的新鲜空气，内心终于恢复了平静。就在我犹豫要不要去外面看一会儿热闹再回来睡觉的时候，带队教练敲门走了进来，说道："张虹啊，你今天的表现很好，有额外的几个 500 米参赛名额，你的积分靠前，队里决定让你上场！""啊？"我张大了嘴，吃惊得下巴快掉到地上了。平静的心情瞬间激起波澜，扫了一眼旁边已经整理好的行李箱，心里很是纠结，机会的确难得，但是看着我虚弱的身体状态，哪里也不像准备参加 500 米的选手啊！

没错，这就是运动员，这就是赛场，时刻准备着！让我更没想到的是，第二天的第一次 500 米比赛，我的总成绩排名第五！我无法相信这是真的，就我那比蜗牛还慢的起跑，我在本赛季最好的名次竟然是在 500 米。

我非常感谢当时的带队教练在赛季最后一天为我争取到的参赛机会，让我有机会挖掘自己的潜能，建立更多的自信，在此之前我几乎已经放弃了 500 米。2011 年 12 月，首次参加世界杯比赛，三个月的时间，从 B 组打到 A 组，再到世锦赛单项前五名，似乎一切顺风顺水。但事实是，今年是 2010 年温哥华奥运会的调整年，除了大赛之后转业的选手，大部分高手都处于调整阶段，有些甚至很少出现在赛场上，才使我有这样出头露脸的机会，这也体现了速度滑冰的周期性。无论如何，告别赛季，我要开始享受一年一度短暂的假期了。

第四十章
驾驭速度：又见卡尔加里

转眼又是一年夏训，第四次来到加拿大卡尔加里，不但对这里的冰场有了更深入的了解，对卡城的朋友有了更浓厚的感情，这座城市已经成为我们的第二个大本营。卡尔加里是一座有着悠久冰雪运动历史的城市，1988年举办完冬奥会，留下了很多奥运遗产，冰雪运动室内外场馆都有被持续利用，完美地与当地文化结合，卡城人也酷爱冰雪运动，所以我们的朋友自然越来越多。

虽然夏训是一年当中最辛苦的阶段，但没有了比赛的压力，我们还是可以在周末请个短假，三五好友一起逛逛街，放松一下，顺便感受加拿大的自然美景。我很喜欢这个与大自然融为一体的城市，到处都是古树、小溪，还有爱运动的人。在这里经常可以看到野生动物，比如鹿、山羊、兔子和松鼠，还有叫不上来的猫科动物。我曾在市中心的河里看到过河狸，一家大小四只正在河中间用树枝搭建它们的家。有名的班夫国家公园坐落在阿尔伯塔省，从卡城开车过去仅一个多小时，我留下了很多美好的回忆。

当然，想玩好的前提是好好训练。喜欢这里的另一个原因就是我曾经提到过的，这里有世界上最好的速度滑冰冰场。直至今日，我仍然怀念浇冰车刚刚清洁完冰面，我们穿好冰鞋，整装待发站在场下准备上冰的那一刻。犹如镜子一样平滑的冰面，踩上去可以感受到冰刀与冰面的完美结合，冰面不软不硬，场地温度适中，每蹬一步都是一种享受。我们的场地里面是一个冰球场和另一个短道速滑、花样滑冰的场地，滑累了站起来休息的时候，我经常向里面张望，想起自己曾经从事过的短道速滑，那种熟悉的感觉从未消失。

　　教练说，这个阶段是体会冰感和调整技术的最佳时期，怎么能尽可能把夏天陆地积累的能力转化成冰上能力，那就要靠我们自己了。虽然已经是第四年练速度滑冰，不得不承认，我的技术还有很多缺陷，尤其是直道和起跑。经过去年一年的世界比赛，我的主项已经确定为1000米，我不是天赋型选手，肌肉缺少爆发力，必须要提高后程加速能力，尽可能去弥补起速的弱点，才有继续提高成绩的可能。

　　速度滑冰是一项既孤独又有激情的运动，很长一段时间我都在纠结怎么超越对手，后来我发现真正的对手从来只有自己。从我进入世界A段之后，我几乎很少去钻研其他选手的技术视频，我尝试过模仿，可和亚洲的选手比，无论我怎么努力，我的步伐频率都无法和身高1.65米的选手一样快；和欧美的选手比，我没有人家腿长，也没有人家的爆发力，节奏有很大差别。后来我开始专注于挖掘自己的冰感，慢慢领悟如何蹬一步速度更快，虽然有时候我看上去比别人节奏慢，也没有其他选手重心走得彻底，弯道起伏明显，还一度被队友和教练批评，反反复复尝试改进，最终，我用速度证明了自己。

　　逐步进入了强度训练阶段，每周都会有一到两次的绝对速度训练，单圈（400米加速），两圈（800米途中滑），这两个训练主要针对500米和1000米的项目强度，因此每位短距离的运动员都会非常紧张。因为训练计划上从不体现次数，我们最害怕看到这样的计划，这意味着，第一组滑得好就可以结束，否则就是一直滑。大家都知道，速度滑冰在任何比赛中只有一次上场机会，直接进入决赛，如何在比赛前把自己的状态调动起来，调整心态，并且在最短的时间内完成比赛，一直是速度滑冰选手要面对的最大挑战。因此我们要在训练中重复上百次，甚至上千次，才能在大赛中掌控自己的状态。

彩虹奥运梦

而我的世界最快单圈纪录就是从这里起步的，那种冲刺的感觉在记忆里从未被遗忘。进弯道开始起速，出弯道加速，直道段继续加速，500米终点线开始计时，每一次进弯道是我最有激情的时候，我喜欢靠自己的力量控制冰刀产生离心力的速度感，两个弯道越滑越快，直到最后一厘米冲过终点线，抬头看向教练那一刻，因为风速太快，我甚至听不到他的报表，但我已经习惯从他的眼神和表情中猜自己的成绩。

＊ 偶遇可爱的小兔子

＊ 与加拿大的朋友享受难得的悠闲时光

爱上速度滑冰也是从那时候起，我喜欢每次零点几秒突破自己的欣喜，也喜欢掌控速度的成就感；喜欢每次冲过终点耳边的风声，也喜欢每次蹬过冰面冰刀弹簧清脆的回弹声。我喜欢看教练、队友在秒表暂停那一刻的微笑，那是对我的肯定，是我们共同努力的结果！我喜欢滑冰，并不是因为我想赢对手，而是沉迷于每一次超越自己的成就感。

第四十一章

2012 年冬运会三金

转眼间，我已经从事冰雪运动 16 年，7 岁开始接触滑冰，12 岁进入专业队，20 岁改项速度滑冰。时光飞逝，从 2003 年 15 岁第一次参加冬运会，在短道速滑 7 圈追逐项目取得第六名之后，我再也没有能在冬运会上取得个人项目前八名的成绩。上一次冬运会的失败和绝望恍如昨日，转项速度滑冰的重新来过让我步履艰难。四年过后，我即将面对运动生涯中速度滑冰的第一次全国冬运会——2012 年第十二届冬运会及全运会，又是一次高手云集，四年一次的大考验。

此时我已经正式成为一名短距离选手，我要在两天的比赛中完成两次 500 米和两次 1000 米的角逐，每个单项成绩算冬运会排名，而四项成绩相加的总积分算全运会排名。这意味着每名选手有四次上场的机会表现自己。十年磨一剑，不能有任何失误，为了这一刻，大家期待已久。

赛前三个月。每一天的训练似乎和往常一样，每天早上吃过早饭稍做准备，早上 8：30 到达冰场，热身，换上训练服、冰鞋、上冰，两个小时冰上训练，下冰，整理活动；吃午饭，睡午觉，下午 2：45 准时到达训练馆，体能训练两三个小时；晚饭过后是每天唯一可以自由支配的几个小时，磨冰刀、按摩、治疗、和队友聊天、看技术视频、上网看看新闻或是打打游戏——多么有规律且充实的一天，回头一看，这样的生活其实已经过了十多年。

赛前两个月。进入赛季，不但要准备国内的几站联赛和全国冠军赛（冬运会资格赛），还有参加世界比赛的任务。说走就走的生活开始了，每个赛季的一年半时间全部都是在准备比赛、进行比赛、赛后调整中度过。心理上的变化更为明显，赛季初期急于表现自己，想把一整个夏训的积累发挥出来；赛季中期，大赛准备的紧张，倒时差的疲惫；赛季末期，筋疲力尽，厌冰，期待放假。

赛前一个月。进入赛前预备期，为了减少通勤时间，我们搬到了黑龙江省队的综合楼。十平方米的公寓里，两张单人床、一张桌子、一个衣架就是全部家具。寒冷的冬夜，偶尔醒来，耳畔是北风呼啸，但我的内心极其平静。记得那段时间我很少跟队友说笑，每位选手都有自己准备比赛的方式，有些人喜欢闹，喧闹会激发自己的情绪，而我喜欢静，让自己处于一个半封闭的状态，不理会任何让自己情绪改变的事情，甚至包括看新闻，后来慢慢就成了一种赛前习惯。

赛前一天。我们到长春已经有一段时间，今天是最后一天适应冰场和赛前刺激，感受冰面的软硬度、肌肉的张力，调整好心态。教练并没有给予我们更多的指导，他的眼神好像在说："接下来就看你们的了！"这四年一次的考验，不仅仅能证明每位选手的实力，同时也是对教练能力的一次检阅。

开赛。第一天，我紧张极了，500米永远是我心底的一道坎儿，这第一枪我必须打响。我一次次给自己鼓劲，最终成绩是38秒73，我并没能站上领奖台。两个小时后的1000米，我心态突然变好，心中的紧张也减了大半，因为我知道我已经掌握了这两圈半的全部基本要素，起速直线怎么蹬、进弯道用多少力量、如何分配体能、在第几个弯道用全力、最后冲刺需要注意什么……果然，我滑出了一个意料之中的成绩，1分17秒21，也许是其他选手过于紧张，我竟然以微弱的优势拿到了一枚金牌，这也是我运动生涯中第一枚冬运会金牌！但是，无论拿到第几名，大家都并没有表现出兴奋或者失落，因为第二天的比赛才是最关键的。

　　第二天一进场，我仍然记得当时的氛围，全能项目后两天的比赛选手、各个队伍的教练、领导、观众、青少年选手、俱乐部的小朋友……坐满了观众席，跑道和看台也被围得水泄不通，比赛的气氛瞬间浓厚。当然，紧张的程度也顺势提升。根据前一天的比赛成绩，我被分到了后两组，这意味着我要看着其他选手一组一组滑完才能上场。虽然我看起来似乎很平静，但我的内心上下起伏了不知道多少次。500米我的表现比前一天好，竟然以38秒45拿到了一枚银牌。当我终于轮到

＊ 我 的 第
一 块 冬 运
会 金 牌

1000 米，站在起跑线上，能感受到所有人屏住呼吸，硕大的冰场里只有教练和队友的加油声，成百上千双眼睛跟随着我们滑行的身影。教练算着总积分，给我提示："再快一点儿就是冠军了！冲！冲！冲！"我知道，他喊的冠军并不是单项，而是总积分。就这样，最后我以1分16秒66拿下了第二次1000米的冠军和四项总积分，赢得了全运会金牌！

赛前，似乎所有人已经把金银铜牌花落谁家预想好了，没人想到我会取得三枚金牌一枚银牌的成绩，当然我自己也没想到。赛后很久我才慢慢接受这个事实，无论如何，这次考试我终于突破了自己，给自己和所有支持我的人交上了一份完美的答卷。同时，我也知道，我的使命才刚刚开始，因为两周后就是在加拿大举行的短距离世界锦标赛。

体育比赛的魅力就是谁也不知道下一秒即将发生什么，没有话剧一样的彩排、电影一样的剧本、小说一样的无限畅想，它是如此出人意料，如此真实，如此鼓舞人心！

第四十二章

我是世界冠军

不知道从什么时候起，那个关于世界冠军的梦时常浮现在我的脑海中。通过两年世界赛场的历练，我已经突破第一大关，进入世界前八名，但是想要跻身世界前三才是摆在我面前的最大挑战。

我曾说过，速度滑冰是一项跟时间比赛的项目，几乎没有任何偶然性，但是这一次，属于我的偶然性来了！2012—2013速度滑冰世界杯哈尔滨站，美国的两名选手和荷兰的两名选手因为国内比赛及其他原因并没有来参赛，那意味着我的对手只有捷克的卡罗琳娜和俄罗斯的奥尔加。如果我能发挥得稍微好一点儿，就很有可能争夺到金牌。教练看我有些焦虑，激励并暗示我，此刻是最好的机会。

我从来没有如此紧张过，在我的祖国，而且是我的家乡，我是多么期待能在亲朋好友、父老乡亲面前，在培养我的地方，得到我梦寐以求的世界冠军啊！但是，一听到"世界冠军"四个字，和每一位运动员一样，因为有所期待，我的心不停地颤抖。2012年12月15日、16日，一个深冬的周末，在400米的冰道上，两次500米，两次1000米，究竟会发生什么呢？让我们拭目以待。

还是这块从我第一天改项速度滑冰就开始训练的场地，这熟悉得不能再熟悉的环境。第一天，第一次500米我发挥了正常水平，拿到了第11名的成绩。没有任何失误，已经到了赛季中期，我知道我的体能状态并不是最佳，只能尽可能调动自己的能量。按照积分，1000米我被排在倒数第二组，和俄罗斯的奥尔加同组。上场前，我知道赢了她就有希望夺金，尽管我拼尽了全力以1分14秒140冲过终点线，捷克选手卡罗琳娜仍然以 0.04 秒的微弱优势拿到了金牌（1 分 17 秒 100）。金牌与我失之交臂，一瞬间，我感觉观众席上的所有人都在替我遗憾，他们满眼期待，他们满怀希望，可惜我辜负了大家。

　　第二天来到冰场，似乎一切都变得平静，我并没有像第一天那么过分紧张，第二次 500 米以 38 秒 71 拿到了第 8 名。不过此时银牌和最后一名在我心里已经毫无差别。随后的 1000 米我被分在了最后一组，跟前一天赢我毫厘的捷克选手卡罗琳娜一组，我是内道。她看起来胸有成竹，对第二个冠军充满了信心。这是平时我训练的冰场，赋予我生命的城市，养育我成长的黑土地，场上是我的教练，场下是支持我的家人、队友和朋友，于情于理我都应该更有自信——拼了！从站上跑道，我就感觉到了杀气，我们两个都不是起跑快的选手，所以从一开始我们就一直瞄着对方，你外我内，你内我外，我能听到她急促的呼吸声，我知道她也在拼尽全力，一直到最后一个出弯道，我感觉她仍然领先我一点点。那一瞬间，我听到全场观众的加油声，我能感受到他们挥舞着五星红旗，喊着我的名字，似乎要把全部力量传输给我，成百上千双期待的眼睛，一颗颗炽热的心，随着一股力量，我一个箭步就追了上去，她不甘示弱，挥舞着手臂，蹬着她的大长腿，最后一个直道我们一起冲过终点线，谁也不知道冠军是谁。摘下帽子，我们一起看向大屏幕的成绩公告，我擦了擦风吹过流下的眼泪，仔细看了看，公告一般都会显示到百分秒，我们的成绩都是 1 分 16 秒 71。按照规则，如果出现百分秒并列，就要查千分秒。我们已经忘了身体的极度疲惫，盯着大屏幕眼睛都不眨，期待着最终成绩。大概过了半分钟，我感觉过了半年，大屏幕再次刷新成绩，随着观众的欢呼声，我看到我的成绩是 1 分 16 秒 717，卡罗琳娜的成绩是 1 分 16 秒 718。就这样，最终我以 0.001 秒微乎其微的差距拿到了我运动生涯的首枚世界冠军，

＊上图 我的首枚世界冠军金牌

＊下图 2012—2013赛季世界杯分站赛获得 B 组冠军

彩虹奥运梦

实现了我的冠军梦，并且是在我的家乡哈尔滨！

场上是对手，场下是朋友，我们一起拥抱，一起欢呼。作为运动员，我们深知，如果没有对手，我们不会变得如此强大，对手既是我们的目标，也是我们的信念；如果没有对手，我们永远不会切身体会胜利或是失败的感觉。

第四十三章

不可能完成的任务：全国冠军赛六金

前一周刚刚拿到运动生涯的首个世界冠军，三天后我已经转场到长春，准备一年一度的全国速度滑冰冠军赛。速度滑冰国内比赛有全国运动会、全国冬运会、全国冠军赛、全国锦标赛和全国联赛，以及省运会和省级以下的比赛。全运会和冬运会被称为国内的小奥运会，每四年举行一次；全国冠军赛相当于世界锦标赛，也是年度最重要的比赛。从 2010 年开始有世界比赛的任务起，我参加国内比赛的机会就越来越少了，但是冠军赛不同，地方代表队有金牌任务，我们当然责无旁贷。就像这一次，即使和世界比赛只有四天之隔，还是要为这次特殊的冠军赛全力以赴。

2012—2013 赛季全国速度滑冰冠军赛在长春举行。2012 年 12 月 20 日至 23 日，比赛规则和以往一样，前两天是短距离全能比赛两次 500 米、两次 1000 米；后两天是全能比赛 1500 米、3000 米、5000 米。教练说让我参加四天八项的比赛，起初我以为他是在开玩笑，没想到竟来真的。

即使是在疲劳的状态下，此时跟国内其他选手相比，我的 1000 米优势还是很明显的，但这次比的是全能，不但要滑两次 500 米、两次 1000 米，在后两天比赛里我还要滑 1500 米、3000 米和 5000 米，直到现在我都不敢回忆这四天是怎么度过的。我多次强调速度滑冰的项目特点，500 米选手的肌肉类型和训练方法跟田径比赛 100 米很相似，就像短跑运动员无法兼项马拉松是一个道理。而此时我已经告别长距离两年了，甚至连 1500 米都有两年没参加了，此时想放弃为时

彩虹奥运梦

已晚，点了头才发觉这次玩笑有点开大了。

第一天比赛，500米我发挥稳定，两次上场都拿到了第二名；1000米两次第一名也在预料之中。幸运的是，四项成绩相加，我拿到了短距离全能的总冠军。三枚金牌在握，丝毫没有满足的感觉。加上上周末的两天比赛，七天时间有四天在比赛，我已经精疲力竭，甚至连说话的力气都没有了。接下来才是真正的挑战，选择参赛当然是奔着金牌目标，3000米和5000米无疑是我最大的弱点，唯有500米和1500米多拿积分才有可能实现目标。

全能比赛第一天，500米之后两个小时是3000米比赛。3000米一直是我的致命弱项，每次滑都找不到感觉。这次又是极其失败的一次，分配体能、滑跑路线、技术和动作就别说了，最后连冲刺意识都没了，整场比赛我在心里嘀咕了无数次：这也太累了吧，怎么还不到终点？忘记了最终排名，只知道下冰以后没看到教练，这应该是教练对我们最严厉的批评了。

终于熬到了最后一天，还有1500米和5000米在等着我。过去的三天，我比了三次500米、两次1000米和一次3000米，身边的队友都在用心疼的眼神默默地看着我，想说什么，欲言又止，我其实都懂，一切尽在不言中。1500米是我最后想搏一下的项目，因为我还有希望再冲一金。站上了起跑线，教练提前布置的战术我都记在心里，起跑前还不忘一个劲儿地安慰自己，1500米只比1000米多一圈，再拼一下就好了。我只能说也许是对手发挥失常，我顺利地拿到了本次比赛的第五金。1500米滑完，我彻底动不了了，呼吸都变得慢半拍，而这时从脱下冰鞋到5000米的比赛还有倒计时三个小时。我内心的小魔鬼已经打败了小天使，他告诉我："放弃5000米，这是不可能完成的任务！"

＊ 站在领奖台上，心情激动

　　我知道自己已经创造了一个惊人的纪录，也已经突破了身体的极限，向所有人证明了我可以，也没人会强迫我做任何决定。随后我来到冰场旁边队友的宿舍，一头栽到床上，闭上眼睛，一句话也没说，手机调成静音，疲劳让我内心变得极其安静。半睡半醒的状态下，两个小时嗖地一下就过去了。赛前 40 分钟到场地做准备活动是我们的惯例，一直到还有 30 分钟就要上场的时候，我看了眼手机，略过了 N 条信息直接跳到教练发来的那条："你该到场地热身了。"内心的那个小魔鬼告诉我："你不要去。"可我依然拿起了冰刀，拖着极不情愿的两条腿走向了冰场，无论输赢我都要去面对。

　　观众比往常多了很多，他们似乎都在期待我的最终表现，我只记得教练说："如果你能滑进 7 分 50 秒并且不出前 10 名，你就有可能冲全能金牌。"我没说话，只是潜意识里有了那样一个目标，因为我

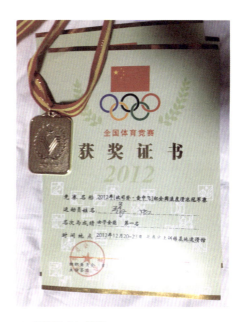

* 获奖证书与奖牌

不敢对自己期待太多。

　　比赛开始，和我一组出发的是一名个子很高的全能选手，她的滑跑节奏很好，教练让我尽量跟上她，至少能带我八圈，最后四圈半是好是坏就看意志了。如果我能跟上她的速度，那就意味着每两次换道区我能有一次100米跟在她后面减少风阻的机会，这是速度滑冰选手常见的，也是仅有的几种战术之一。我为此不仅两圈跟一次，甚至一圈跟一次，从内道滑出来的时候我就要减速，外道滑过来的时候就要加速，相当于我在变速滑，其实这是非常不利于总成绩的滑行方式，但我哪能顾得上那么多，能省点劲儿是点儿。当然，和我同组的选手的教练给她制定的计划一定是滑出自己的节奏，因为我的不确定因素太多，但也因此给了我机会。也许是关注点都在她身上，当我看到倒计时积分牌上显示还有四圈时，在所有人认为我应该力竭的时候，我

147

突然意识到我还有劲儿，我鼓起勇气一个内道加速就把她超了过去。也许是太突然，她的节奏被我带乱了，一下摔在了冰面上，我当时就感觉很愧疚，我本以为她能跟我一起起速。瞬间，场上只剩我自己，全场观众、教练、队友都在为我加油呐喊，我独自滑完了十二圈半，冲过了终点线。7分43秒08，这是我5000米的历史最好成绩（之前最好成绩是7分56秒），这也成为我运动生涯的最后一次5000米比赛。

最后，我拿到了全能冠军，四天八项比赛，四枚单项金牌、两项全能金牌，全国冠军赛六金，我创造了另一个奇迹！

当年的整体训练计划是围绕第二年的奥运会做周期准备，按教练计划，要尽可能多参加比赛、消耗自己。1000米属于比拼速度耐力的项目，相当于田径比赛400米到800米之间的强度，不但要求选手起速快，还要维持高速滑行，所以在这个周期训练，混合氧和力量的训练也变得更加重要。这一年，我体验了从夏训到赛季的所有长短距离、快慢训练，参加了能参加的所有国内国际比赛，目的是让我的身体机能和神经状态都达到高度疲劳，第二年充分恢复才有机会反弹到最佳状态。速度滑冰充分体现了竞技体育的特点，一直在挑战个人极限。还没到赛季末期，我就开始厌冰，心态也变得很差，连滑冰的想法都没有，更别说调动比赛的激情了。

第四十四章
翅膀硬了不一定能飞得高

我实在是太累了！从 2012 年 9 月末到 2013 年 3 月，一整个赛季，从国内到国际，我没有错过任何一站比赛，而即将面对的还有最后连续几次赛季压轴的欧洲站比赛。此刻队伍离开祖国已经超过了一个月的时间，从德国柏林到荷兰海伦芬最后转战俄罗斯索契，而这段时间，我们都是在酒店、冰场、餐厅、力量房、机场、大巴上度过的。顶着极度疲劳的身体和时刻紧绷的神经状态，每一天入睡前脑海中都会无数次浮现家里温馨的画面、餐厅里说说笑笑的轻松气氛，甚至想念家乡哈尔滨那独有的味道。而早上醒来，又得全副武装，奔赴战场。欣慰的是，我并不是孤军奋战，团队里有教练、队友、队医陪伴，虽然身心疲惫，但上了战场大家一起冲，没有任何可以后退的借口。

度日如年般熬到了最后两周，也是本赛季最关键的两场比赛：在荷兰举办的世界杯总决赛，在俄罗斯举办的世界单项锦标赛。世界杯总决赛考查选手们一年的综合实力，而单项锦标赛意味着一年后的 2014 年冬奥会进入倒计时。没有任何一名选手不想在这块崭新的冰场上滑出自己理想的成绩。

一名高水平的运动员需要具备两个重要因素：一是充足的体能储备，二是强大的心理承受能力。经过多年的摸爬滚打，我认为还要加上一点——快速适应能力。教练可以帮助我们通过训练加强体能，但他不能帮助我们思考，一场接一场的比赛不仅仅在消耗我们的身体机能，也在消耗我们的神经系统。经常出现的轻度肌肉拉伤、体力过度透支，甚至倒时差、水土不服、饮食不适应引起的感冒、胃痛、失眠，

＊ 赛前训练

或是情绪变化，我们都要进行自我调整，强迫自己以最好的状态站在起跑线上。

然而，这一次，也是运动生涯唯一的一次，我没能战胜自己身体发出的疲惫的信号，没有按照教练的计划做赛前训练。2008 年至 2018 年，十年的配合，这是唯一一次我们意见不统一，但并非激烈的争吵，我只是用自己的方式默默拒绝，教练也没有多说，用沉默对抗我的任性。

起初，我认为自己的决策是对的，只是少练了一次赛前力量和赛前刺激的训练而已，结果却是出乎意料，荷兰站 1000 米比赛我竟然拿了一枚银牌。瞬间心情愉悦，对自己做了训练计划调整又拿了好成绩十分自得，有种翅膀硬了可以高飞的错觉。我无知地认为，一周后的世锦赛我依然会保持状态，并开始对索契的世界单项锦标赛满怀

彩虹奥运梦

期待。

1000 米仍是我争夺奖牌的制胜法宝。略过 500 米的全部环节，那场 1000 米的比赛，从我知道赛前分组的那一刻到完成比赛的全部过程，至今仍在我脑海里回荡，一想起便是一阵后悔莫及。与我同组的奥尔加，是俄罗斯近两年在短距离项目有亮眼表现的一名年轻选手，个子略微高我一点儿，一身强壮的肌肉显得旁边的我像一名业余选手。当然，令我紧张的不仅仅是她，还有俄罗斯疯狂的观众们，任何一项冰雪运动在俄罗斯都备受欢迎，速度滑冰的几项短距离世界纪录一直由俄罗斯选手保持。俄罗斯的冰雪运动不但拥有悠久历史，此时此刻，一年后的索契冬奥会也已经正式进入倒计时，可想而知本次比赛的热烈氛围，热衷冰雪运动的发烧友们坐满了观众席。从一进场到站上起跑线，我的内心始终无法平静下来，观众的欢呼声已经远远超出了我的承受范围，如果不是裁判多次提醒安静，我想我都无法听到发令枪响。我告诉自己，我只要赢了你就一定能拿到前三名，而整场比赛再次证明了我的错误决策。

发令员枪响，从我冲出起跑线开始，没有任何一次蹬冰和摆臂，甚至呼吸是专注于我自己，我始终用余光瞄着奥尔加，全程我都在想着一定要超过她。可速度滑冰和短道速滑不一样，你没有办法用战术和配合取胜，争分夺秒才是赢得对手的唯一途径，而我已经被她和观众，还有自己紧张的情绪干扰到忘记看教练的报时。到了最后一圈，本应该是我发挥后程优势反超的机会，我却早已用完了全部的力气，看着她越滑越远，这是少有的几次我没有伸脚冲过终点线，因为我知道奖牌已经与自己无缘。我摘掉帽子，脑海中一片空白，我不知道刚刚发生了什么，只见现场观众举着俄罗斯国旗欢呼呐喊，我的对手在跟他们举手示意，但我听不见任何声音，貌似我并不属于这个世界。

灰头土脸地回到休息室，我问自己，你做了什么？从今年精彩的开场到最后一次比赛，就这样结束了，这是你的真实水平吗？跟跟跄跄地拿了一个前八名，仅此而已吗？那一刻没有眼泪，但心里的悲痛无限，我沉溺在深深的痛苦中。

　　教练始终沉默，我似乎已经习惯了他的面无表情，我无颜面对他，自责、后悔、难过，种种情绪缠绕着我。我输得彻彻底底，除了没有听教练的，做好赛前的体能调整，我的心理承受能力、控制比赛能力、抗压能力也输得一塌糊涂。

　　失败可以让我总结更多的经验，也让我更加了解自己。成为世界级别选手的第三个年头，我发现自己再也不是所谓的"新手"了，我开始有更高的追求和目标。就像此刻，世锦赛前八名的成绩也远远不能满足那对五星红旗因我而升起的期待。

彩虹
奥运梦

第四十五章

备战索契冬奥会：2013年夏训，海宁

时光匆匆，上个赛季的胜利或失败都已经成为过去式，距离2014索契冬奥会的开幕已经可以精确到用天来计算。此时队伍也已经按部就班地进入夏训的第一个重要阶段——轮滑，而今年我们并没有和往年一样选择公路轮滑，为了保障队伍安全地完成备战任务，我们来到了一个陌生的城市——海宁。

一说到海宁，大家肯定会想到海宁皮革城、义乌小商品批发市场和不远处的乌镇景区，而大多数人并不知道，这里还有一个国内为数不多的室内标准轮滑场地，这也是我们来到这里的主要原因。速度滑冰的项目特点很明显，即便是短距离组，500米和1000米的主力队员的训练计划也会有很大的差异。近几年随着训练计划和国际比赛任务的调整，队里的人员配置每年也有不同程度的改变。今年我们队不但精简成一支干练的短距离队伍，还增加了两位新人，他们比我小5岁，分别是来自黑龙江省队的小白和来自辽宁省队的轩轩。因为专注国内比赛的时间有限，只知道他们是近两年国内比赛的黑马，一个偏重纯短距离，起速非常快，另一个侧重中短距离，也就是1000米为主项。有了两位新人的加入，队伍的训练针对性和配合度又加强了。

海宁是一个江南小城，赶上梅雨季，几乎天天下雨。轮滑场位于一个大超市的二楼，据说是一个地产商的孩子酷爱轮滑，因此投资建设。我们则住在附近的一个小宾馆里，轮滑场除了设有200米的标准坡度轮滑跑道之外，还有力量房和体操房。从到海宁的第一天起，宾馆和轮滑场两点一线的生活也随之开始，从未因为天气而耽误任何一

堂训练课。我们和当地的轮滑队一起共用场地、一起吃饭。刚来的时候，看到比自己小近 10 岁的年轻队员穿着轮滑鞋飞驰在场地里，还真是把我们惊呆了。看到这些孩子，我想起自己小时候背着两个书包去上学的情景，一个装冰刀，一个装书，10 岁左右就独自奔波在学校与体育馆之间，也突然意识到是体育使我们很小就学会独立，朝着梦想的方向不懈努力。不同的是速度轮滑还没有成为奥运项目，所以从事轮滑的青少年运动员只有很少一部分能成为世界级选手。

虽然对新环境充满了好奇，不过我们很快就进入了训练状态。每次穿上轮滑鞋就仿佛穿上了冰鞋，上个赛季的几次失误从未因时间的流逝而释怀。起初我并不是很适应这个带坡度的场地，我的侧重腿是左腿，不知道是轮滑鞋角度的问题还是我技术的问题，好像每场训练都在用一条腿受力。我没办法也没时间去解决问题，因为时间不等人，每一天的训练计划都在提醒我奥运会又近了一天。在这种有激情有目标的生活节奏里，感觉自己每一天都在储备能量，无论是力量训练还是混合氧训练。每次在我的身体

* 在海宁备战索契冬奥会

到达极限的时候，那几位世界排名靠前的选手就出现在我的意识里，仿佛我们就在赛场上，正进行最后一个弯道的冲刺，我总是还能再多蹬几次，随后倒在泡沫垫子上大口大口喘着粗气，特别有成就感。直到几周后我的左腿肌肉开始痉挛，一整宿的睡眠已经不足以恢复前一天训练的疲劳，按摩师加长了每天按摩治疗的时间，甚至是训练间歇也要再按几下。有时候肌肉的痉挛会让我无法坚持，队友和队医都很关心我，让我缓几天再上强度。我怎能放过任何提高能力的机会？仍然是男队员在前面领滑，我在后面追，经常是拼到浑身麻木，腿已经是机械化地蹬着，只是下意识地跟住、顶住。我们也仿佛达成了无言的默契，男孩的目的是甩掉我，我的目的是不让他们甩掉，通常都是拼到最后大家都累到躺在地上，相互佩服，然后哈哈大笑，约好下节课再比拼。我的表现似乎得到了教练的认可，他说："这几年国际赛场的历练，你最大的变化就是眼神不一样了，经常能从你的眼睛里看到想法，充满了自信，不再是以前大大咧咧的大胖姑娘了。"

当然，我们也不是机器人，和教练在一起配合这么多年，教练一直强调，训练就有个训练的样子，休息就彻彻底底休息。我们的训练计划紧张有序，每周周末有一天半的调整时间，偶尔我们还是可以请假出去转转的，但是取决于这一周的表现，就是要有自知之明。我胆子大，一般都是我去主动提休息，好在大多数时候还是会被批准的，其他几个小伙伴会紧张地在房间里等消息，每次看到我兴高采烈地从教练的房间出来，大家瞬间有种小鸟从笼子里飞出来的畅快。夏训期间，我们去了海宁皮革城、乌镇，以及周边的公园、商场，给这段紧张的训练留下了很多美好的回忆。

不得不说，我们的团队氛围是取胜的关键因素，无论训练多苦、比赛压力多大，我们总是像家人一样保护、关爱彼此，小到日常吃饭时的谦让，大到自我牺牲成就队友。至今我都特别怀念和队友们在一起的那种目标一致、心有灵犀、一起拼搏、一起挨罚、一起欢乐的时光，我想无论走到哪里，此生我都会怀念那段青春的岁月和多年不见的你们！

第四十六章

索契冬奥会倒计时（上）：主场失利，无缘冬奥

2014 年索契冬奥会资格赛暨 2013—2014 赛季速度滑冰世界杯第一站，如约而至，依然是在加拿大卡尔加里。从转项速度滑冰的第一年到加拿大训练，近六年的时间，卡尔加里这座城市就像是我们的第二个大本营、第二个家。不仅是每年八九月份在这里定期进行五周左右的高原训练，我们还有机会参加每两年在卡尔加里举办的世界杯或是世锦赛。在这个赛季开始之前，我们一直期待赛季的首次亮相会选在这个熟悉得不能再熟悉的冰场，因为有种主场作战的感觉。

速度滑冰场馆坐落于卡尔加里大学校内，无论是运动员还是观众，无论从哪个方位进入场馆，首先映入眼帘的是周长 400 米、面积

＊ 2013—2014 赛季世界杯分站赛

12000平方米，广阔洁白的冰面跑道，随后目光会聚集到冰场弯道处的几张巨幅照片。从1988年卡尔加里冬奥会成功举办之后，只有为加拿大速度滑冰做出巨大贡献的顶级速滑运动员才有一席之地，照片不仅仅记录着加拿大速度滑冰的历史成就，同时也激励着所有来这里滑冰的新一代年轻运动员奋进成长。

我喜欢卡城的原因有很多，比如蔚蓝的天空、冰雪运动的氛围、一大群当地的华人朋友，还有巨多芝士的比萨、能逛一天的奥特莱斯，但最难忘的还是训练中的所有最好成绩都是在卡城的冰场上滑出来的。每一次绝对速度的训练都极富激情，每一次超越自己的几秒也值得回味，正是这些一次又一次的自我突破，才有后来的速度滑冰世界女子瞬间时速纪录保持者的荣誉。

2013—2014赛季将是我第一次触摸冬奥会大门的机会。索契奥运会的参赛资格是由前四站世界杯的综合积分排名产生的，奥运会1000米项目共有36个名额，每个项目每个国家最多不超过三个名额。除了靠积分拿到奥运资格，还有另一种方式可以进入36名，就是凭借赛季最好成绩，这更适用于排名靠前的选手，可以节省体能，不用打满全部世界杯。教练为我们布置的战略便是如此，前两站比赛都是高原场地，对于我们来说，正常发挥拿到资格还是很有把握的，减少后面欧洲站的时间来储备体能，全力以赴2014年2月的索契冬奥会。

经过一整个夏训，再加上早期冰的良好表现，我迫不及待想要在本赛季首场世界比赛中证明自己的实力，彻底走出去年失败的阴影。从到加拿大那天起我就极其亢奋，赛前一天的训练成绩让我更加自信，跃跃欲试地期待站在起跑线上的自己。比赛总共分为三天，第一天第一项是500米，我被分在第五组，外道，跟荷兰选手一组。终于等到这一刻，外道起跑对我来说是极其有利的，因为弯道是我的优势，在最高速的时候正好是第二个弯道小内道，我可以看到外道的对手冲刺。500 米是我的次项，从未想过争夺奖牌，但是拿到奥运资格还是不难的，少了一份压力，我更加畅快地释放自己的能量。"Go to start, ready!"（准备，开始！）随着枪响，我冲了出去，我感觉对手在前 100 米并没甩我多远，一进弯道我就发挥出了强大的技术优势，大步流星地追了上去，出弯道看到教练的记分牌显示 10 秒 7，那是我历次比赛中最快的前 100 米，我更加有劲儿了，在换道区几乎快要追上了对手。随后，我把所有的专注点都集中于第二个小弯道，我的目标并不是要追上她，而是超越她，越远越好。我的身体里似乎全是力量，我使劲蹬着冰，用余光瞄着她被我超越，我过于兴奋了，这时已经滑到了弯道顶点最急的转弯部分，我用力摆着臂，心里闪过一丝即将创造个人最好成绩的喜悦。突然，不知道是倾斜角度过大还是什么原因，最后结束蹬冰的时候竟然蹬空了！由于速度太快（每小时 55 公里左右），我企图控制一下重心，但最终还是摔了出去。那一刻，我意识模糊，只知道在我撞到垫子上之后又弹了回来，我的对手刚好从我的身边滑过。2008 年开始练速度滑冰，2010 年开始参加世界比赛，一直到 2018 年退役，这是我在比赛中唯一摔过的一次。短道速滑的习惯仍然保持，为了自身和其他选手的安全，弹回来的一刹那，我用最快的时间站了起来，顺势低头看了看身上有没有摔破的地方。我全身麻木，大脑也陷入一片空白，当我的眼睛扫到腿上 CHN 的标志时，一股力量让我清醒了一些，潜意识告诉我要完成比赛，要对得起这个赛场和我身上的国旗。伴随着观众激励我的掌声，我用尽最后一丝力气滑到了终点。强忍着不知道到底哪里疼痛的身体离开冰面，队医已经第一时间跑到了赛场中间，我感觉走路很吃力，尤其是左脚脚踝已经没有了知觉。脱下冰鞋后，我的脚踝瞬间肿了起来，自言自语道："应该没事吧！"

* 在卡尔加里度过了很多个冬天

心里想着后天1000米的资格赛。走到赛场外围，我才感觉到，最严重的并不是我的脚踝，而是我的右腿，它不能自主发力了，尤其是上台阶，我甚至要用手拽着我的裤子才能抬起我的腿。我心里开始发慌，躺到按摩床上任凭队医检查我受伤的部位。因为摔倒后我起身非常快，起初教练认为我没事儿，只是过来问了句是怎么摔的，让我回去好好休息，明天全力准备第二个500米。

等坐班车回到了酒店，我才意识到问题的严重性，我的右腿甚至不能走路，并不是肌肉拉伤或者撕裂的疼，是深层韧带和坐骨连接处的损伤，按不到痛点，也不知道如何治疗。队医把我送回屋，然后关上门离开了，此时我的室友还没有回来，静静的房间里，我躺在床上，看着天花板，内心满是无助与悔恨。回想着比赛过程，为什么我分散了注意力？为什么我会摔？这是我的命运吗？一整个夏天的努力和付出，在首场比赛就终结了？如果我错过了这站比赛，下一站世界杯是最后的资格赛机会，而距离这站比赛也仅有一周时间，在此期间我们还要转一次飞机从卡尔加里到盐湖城。此外，世界杯中国队名额是有限的，为中国争夺奥运会资格也是我们的任务，如果我不能上场，会不会被替换？这些都是极有可能发生的情况。

　　几个小时前我还蓄势待发、信心满满，几小时后却面临着即将无缘冬奥，命运当真弄人。当晚教练跟队医咨询了我的伤势，也问了我的建议，最后决定让我放弃这次比赛，实际情况也不允许我参加，似乎神医、神药也无法在这么短的时间里治好我的伤。我默默祈祷着，六天后将是我最后的希望。我在床上躺了整整三天，不敢过多麻烦队友和医护人员，因为他们还要照顾场上的运动员。团队里每个人的心都绷得紧紧的，此刻大家就像一支作战部队，全力以赴打胜仗，似乎只有我在拖大家的后腿，而我唯一能做的就是期待六天后会有奇迹出现！

第四十七章

索契冬奥会倒计时（中）：盐湖城历险记

卡尔加里到盐湖城的距离并不远，但因为航班有限要中转，我们起了个大早，傍晚才落地盐湖城。这是我第二次来到美国盐湖城，这是一座宗教氛围浓厚的城市。11 月末，到处弥漫着冰冷的气息，也或许是因为我的心情忐忑，三天后的第二站世界杯，那是我最后能拿到冬奥资格入场券的机会。看着自己肿胀的脚踝和拉伤的大腿，我默默地祈祷着。我的冰鞋是按脚型定做的，多穿双丝袜都会觉得夹脚，这时除了冰敷只能针灸和贴药，为了降低肿胀的风险，只能保守治疗。当十几厘米的针扎到大腿后侧深层的肌肉里时，不知我是疼得麻木了，还是过于急切地想站到冰场上，竟然丝毫没有感觉，也没有害怕，脑袋里只有一个念头：明天我的腿可以自主发力，脚可以穿进冰鞋。

2002 年盐湖城冬奥会是中国冰雪运动发展过程中一座重要的里程碑，因为杨扬姐在这里为中国赢得了从 1980 年中国代表队第一次参加冬奥会以来的第一枚冬季奥林匹克金牌，从此冰雪运动在国内迅速发展，那激情的时刻是每一位冰雪运动员都无法忘记的。这里不但是改变中国冰雪运动的起始点，对于速度滑冰运动来说，也同样创造了无数奇迹，因为有 90% 的速滑世界纪录都是在这里诞生的。从 2002 年冬奥会结束，速度滑冰的比赛场馆一直没有变，在进入冰场内的大堂里有一处设计简单但是很有格调的展示区，速度滑冰所有项目的世界纪录都在这里呈现，不仅如此，当选手创造了新的世界纪录，运动员本人也会前来更换数字，留下历史瞬间。这一仪式，也成为每位速度滑冰选手的终极向往。

 ＊ 脚踝受伤，强颜欢笑

　　而此时我已无心思考除奥运资格之外的任何事情。赛前两天，我尝试穿着冰刀站到了冰面上，虽然我的腿并不能发力，但我要去感受冰面的软硬度，也就是所谓的冰感。我忍着痛，不流露一丝痛苦，因为没人会因同情给我奥运资格。赛前一天，教练并没有问我是否可以参赛，他在用无声的态度告诉我必须参加并且必须发挥好。我坐在冰场的椅子上，旁边放着我的冰鞋，赛场里是数十名蓄势待发的选手专注着自己滑冰时的每一个细节，他们的教练在一旁用心指导，我能看到她们坚定的眼神，那是对奥运的期待。此时，我开始激励自己，我不仅仅在给自己争取冬奥名额，也在为中国队争取参赛名额，我必须站在赛场上，我要对得起这么多年的付出、转项的艰辛、教练的信任和我的奥运梦！

　　大腿和脚踝的伤就好像一个小恶魔，那一刻，它被正向力量的小天使打败了！2013 年 11 月 17 日的上午，我奇迹般站到了 1000 米的起跑线上。一周没有做力量和专项训练，我的腿像面条一样打软，1000 米是比拼速度耐力的项目，起跑我不敢用力，只能均匀分配着我的体能，全程我都小心翼翼，生怕出现一点儿闪失。最终，我以 1 分 13 秒 820 的成绩拿到了第六名，而美国选手鲍维以 1 分 12 秒 580 打破了女子 1000 米的世界纪录。我在想，如果我没有摔倒，如果我可以正常做赛前准备……可惜没有如果，我能安慰自己的只有我拿到了那张索契冬奥会的入场券。

战战兢兢拿到了奥运会资格，我开始进入另一个阶段，自我心态调整和奥运倒计时周期。紧密的备战计划没有给我身体恢复的时间，只是增加了更多的治疗和康复辅助训练。我尝试各种办法攻破自己摔倒的阴影，调试冰鞋的角度，改变冰刀的弯度，就是找不到之前的感觉。教练一度无奈地看着我，直到后来我和队医在探讨中发现，原来是摔倒后我左脚脚踝的韧带受损，稳定性变差了，导致我在高速滑行中晃动。不仅如此，内心的恐惧才是最难以攻克的，甚至是每一天训练，每一次滑到弯道摔倒的点，我都会犹豫和退缩。弯道是我唯一的优势，出弯道持续加速才会让我在后程保持高速滑行，使我的 1000 米后程减缓降速，如果我克服不了心理和身体上的障碍，我就无法在奥运赛场上发挥出最理想的实力，而此时距离索契冬奥会仅仅不到三个月。

第四十八章

索契冬奥会倒计时（下）：备战与挑战

拿到了冬奥资格只是入场券，很显然，那并不是我和队伍的目标，接下来的赛前备战才是关键时期。

我们辗转回到国内已经是 12 月末，这时距离索契冬奥会开幕式仅剩两个月。教练的一个精心安排仿佛给我们做了一次全身心的深度放松——南下一周，这也是我受伤后到奥运前唯一可以恢复踝关节和大腿深层肌肉拉伤的时机。我们从祖国的最北边来到了最南端——海口训练基地，开始了闭关训练阶段。

踝关节的伤比我想象中严重，接下来的冰上训练经常给我添麻烦。我喜欢在每一次训练中用脚去体会冰刀和冰面接触的微妙摩擦，严丝合缝的冰鞋包裹在脚上，让我无法缠绷带。我的康复教练教了我很多种康复脚踝的方法，但是踝关节周围的肌肉力量很难在短时间内迅速增加。因为心急，那段时间我走到哪里都拿着小皮筋、海绵垫，早上起床、训练前、晚饭后，即使是出门去超市排队也会练上几组提踵，根本不顾路人投来的异样眼光。只要能让我的脚踝发力，我不在乎一切和训练无关的事情。

我享受着每次站到冰场上的激情澎湃，准备活动时的蓄势待发，训练中的全神贯注，当然也有训练后的欢声笑语，很感激和我的教练、队友、队医们一起度过了奥运前的每一个时刻。

1000 米是速度滑冰中很有挑战性的项目，它不像 500 米考验纯爆发力，也不像 3000 米、5000 米挑战肌肉耐力，选手既要有起动爆发力，又要有维持速度的耐力，一分十几秒全部在无氧状态下完成，对选手的综合能力要求极高。所以我的赛前训练计划安排是非常细致的，无论是有氧、混合氧还是绝对速度，每一节课都要达到最佳训练效果。教练为了确保我能高质量完成训练，特意安排了三名男队员分别带我。前几周的有氧储备我全部按计划完成，然后进入绝对速度训练阶段，这对我来说也是最关键的阶段。看过我比赛的人都知道，我的优势是维持速度，也就意味着要达到最高速。想要达到最高速，需要让男队员把我带到最高速，体会到高速滑行的感觉。这时问题来了，每一次滑到弯道顶点，我都会下意识地保护自己不敢发力，摔倒的阴影一直笼罩着我。这就好似开车加速，起速时本应该是连续给油，可你踩了一脚刹车，再也无法马上回到高速点。弯道滑行的顶点只有最关键的两个副步，大约3秒钟的时间。我终于意识到了问题的严重性，队医、教练、队友都没办法帮我，只能靠我自己去战胜恐惧。

一周有5次冰上训练，每一天会有2次200米的加速训练，每次一个弯道，加上一周2次绝对速度训练，算下来每周我可以有12次高速滑弯道的机会。有人很好奇，为什么你不能多练几次？因为速度滑冰的项目特点是最短、最快、最佳，奥运赛场上的每个项目，每位选手就一次上场机会，用最短的时间完成你最佳的表现。所以训练中对绝对速度要求的是质量而不是数量，滑得越多反而会影响训练效果。此刻我心里的恐惧和踝关节的伤没办法和教练说，我不想让他感觉我懦弱，在他心里，我就像一个战士，养兵千日，用兵一时，我自己都不允许自己临阵脱逃。我只能和最好的两个队友倾吐心事，他们每天尽心尽力地陪着我，帮助我，虽然他们并没拿到奥运资格，但似乎那一刻，成就我，其实也是在实现他们自己的奥运梦想。

总而言之，团队里的每个人都在默默努力，我们很默契，没有过多的言语，只有相互鼓劲和安慰。当然，每位选手也有不同的自我解

彩虹奥运梦

压方式，有些人喜欢分享，通过交流抒发自己的情绪；有些人喜欢热闹，和队友玩游戏来缓解紧张；而我一如既往喜欢静。2个月的备战期，除了训练时间，我很少与别人交流，即使是队医帮我放松肌肉和治疗时，我也不会说太多话。完成一天的训练后，我喜欢窝在10平方米的宿舍，放上音乐，慢慢地整理训练器材，洗洗衣服，看看书，看看新闻，刷刷朋友圈，然后睡觉，为第二天的训练准备好体能。我认为大声说话会消耗自己的能量，我会把所有的能量都集中在训练场上，其他时间都在储存能量。我很享受备战阶段，节奏有序，没有任何人可以影响我的情绪，打扰我的生活，动摇的我信念。外界的一切都与我无关，我只管默默努力，收拾好行李，准备向索契战场出发。

第四十九章

索契冬奥会（一）：出发

我的两项赛程分别是在奥运会开幕式（2014 年 2 月 8 日）后的第三天和第五天。索契与北京有 5 小时的时差，比赛都是每天傍晚进行。教练计算好了最精确的时差调整后，大年初五（2014 年 2 月 4 日），我们一起踏上了我的首次奥运之旅。

是的，大年初五，队伍里只有包括我在内的两名队员、一位教练和一名队医出发去索契，冰场的浇冰车师傅、餐厅的厨师、外地的队友都因我们四个人放弃了回家过年的机会，一直陪伴我们直至坐上大巴车出发的那一刻。硕大的冰场上，每天只有我们几个人在场上驰骋的画面，我永远不会忘记。离别时，简单的拥抱里蕴藏了多层含义，在坐上大巴车的那一刻，我看到了他们每一个人坚定不移的微笑，仿佛在说："向前冲吧，我们永远支持你！"再见，我的家人们，你们使我强大，使我自信，我会带着你们所有人的期许上战场，给你们一个满意的答复。

哈尔滨—北京—法兰克福—索契，四段航线三次转机，一路上我都在憧憬着从第一天成为专业运动员就幻想的奥林匹克的样子，既兴奋又紧张。回忆着十几年的运动历程，从 7 岁开始练滑冰到 12 岁进入专业队、18 岁遇见韩教、20 岁转项，记不清摔倒了多少次、挨过多少罚、承受了多少次失败、迎接了多少质疑的目光，此刻一切都烟消云散，距离梦想仅一步之遥。当我们登上了法兰克福到索契的航班，已经是离开祖国 20 多个小时以后了。睡了一觉醒来，突然发现飞机竟然还在原地，这时广播传来要求所有人员下飞机的通知！问清楚原

＊ 出发前合影留念
因才知道，为了等一个晚到的乘客耽误了起飞时间，机场规定，过了夜里11点，不允许任何航班起飞。由于我们带着奥运会的身份卡（作为签证）不允许离开德国，只能在航站楼里等待第二天最早的航班。这个航站楼是我遇到过最小的，竟然连地毯和躺椅都没有，更别说休息室了。就在我们寻找过夜的最佳地点时，偶遇了几位中国代表团的官员，真是他乡遇故知，此时此刻，我们都是代表中国出征的战士，为共同的目标前进。最让我感动的是他们所有人把大衣和颈枕铺在地上，尽全力为我们两名运动员打了一张"地铺"，他们则在冰凉的椅子上靠了一夜。大约5个小时过后，机场的人渐渐多了起来，我们的航班也已经确定，看着镜了里折腾了30多个小时后双眼充满血丝的自己，虽然疲惫，但丝毫没有影响内心的坚定。

最后一段行程差不多飞了2个小时，期待着到奥运村后可以好好调整一下状态。听说从机场到奥运村不到一个小时。经过30多个小时舟车劳顿的我们站在取行李的转盘前等啊等，一直到所有人都走光了。糟了，行李呢？问遍了机场所有服务人员，没有任何答复，冰刀是无法拿上飞机的，我们就像是没有武器的士兵一样无助，心再一次提到了嗓子眼，看来磨难还没有结束。于是，四个人两手空空地走出机场，迎接我们的领队和中国的媒体都诧异了。见到亲人，本应该开心，可此刻怎能笑得出来？两手空空迈着四方大步进了奥运村，此刻，距离500米的比赛仅剩5天！

奥运村里的所有风景似乎都与我无关，为了不受更多的干扰，我们并没有第一时间去冰场，村里的健身房成了我们唯一的救命稻草。第一天下午，我们用固定自行车完成了两天没有激活肌肉的速度训练，同时期待着行李的到来，然而好运没有降临。第二天，我们还是只能进行陆地体能训练，这时我已经5天没有穿上冰鞋了。难道这就是我期待的冬奥会？从夏天的魔鬼式训练到第一站世界杯选拔赛摔跟头，忍受着伤痛也从未间断任何一天的训练，克服心理恐惧，一切的一切，难道就是为了这一刻的错过吗？无数的疑问和不解在心里挣扎。教练除了训练时间就没出过房门，这么多年，我们虽然没有太多言语的沟通，但彼此又很了解，我和队友每次到餐厅都尽量给他带回来点零食，笑着送给他，再默默地离开。冥冥之中，我们产生了一种默契，没有人抱怨，没有人慌乱，用微笑给彼此传递力量。所有冰上课的内容我们都用健身房里的器材完成，每个人都默默承受着巨大的压力，却从不表露出来。

到达奥运村的第二天夜里，行李终于送到了！我们还有希望！看到行李那一刻，我激动得无以言表，内心充满感激。可是，第三天，我还是错过了上冰训练的机会，因为有另一个重要任务我们必须要去完成……

第五十章

索契冬奥会（二）：荣耀时刻

从一进奥运村就听代表团里有人说做好准备参加一个重要活动，参与人员未最终确定，请各个代表队等通知。一切都是未知的，我一边等着我的冰鞋，一边期待着这是怎样的一个神秘活动。

接到通知的那一刻，我们的心沸腾了！统一时间，统一着装，统一队形，每个项目的教练代表、运动员代表、官员代表，做好准备，我们即将受到习近平总书记的接见。

一路上，每个人都被期待、兴奋又紧张的情绪填满，尤其是几位发言代表。我们的车停在了一个小礼堂的门口，下车的一刻，天格外蓝，微风拂面，2月的索契并没有一丝凉意。这是一座风格简约的礼堂，配上我们每个人红白相间的代表团服装，颜色搭配得刚刚好。礼堂并不大，全部人员按事先安排好的队形入座，运动员在最中间，第一排是几个项目的潜力夺金选手和发言代表，我被安排在第二排。随着所有人都整齐入座，礼堂渐渐安静了下来。与此同时，仪式感越来越强烈，我们注视着礼堂入口，情绪开始高涨。那一刻，我看到了每一位运动员脸上的激动和荣耀。习近平总书记从入口处走进来，越走越近，亲切地和每一位运动员握手、问候。他是那么和蔼、沉稳，他的手是那么温暖、厚实，他的微笑瞬间给了我强大的动力。

座谈的时间并不长，每位发言人都介绍了每个项目的比赛特点，之后习近平总书记语重心长地鼓励我们做好自己，珍惜参与四年一次奥林匹克的机会。另一个更重要的任务是为习近平总书记介绍运动器材，每个项目派两名选手解说。我和王北星姐姐负责速度滑冰，我的心顿时提到了嗓子眼，我不是主讲，认真地配合着北星姐细致、全面的解说。我们拿着冰鞋、比赛服，一一认真为总书记讲解。我们介绍了速度滑冰的项目特点和冰刀的改革，还留下了一张珍贵的合影。

随着最后一个环节集体合影的结束，我们踏上了返程的车，大家像小朋友刚参加完运动会和家长汇报成绩一样滔滔不绝，分享着自己的感受，美妙的气氛充满车厢。

一个小时的接见极大地调动了我们的热情与积极性，因为我们是运动员，因为我们是每项运动的佼佼者，因为我们代表中国，我们才有这样荣耀的时刻，我们才能被心中最尊敬的人接见，才有机会穿上带国旗的比赛服站到奥林匹克的赛场上！那一刻起，我充满能量，三天后便是我的首次登台亮相，我满怀信心，必须展现出最好的自己，因为我是中国速度滑冰运动员！

彩虹
奥运
梦

第五十一章

索契冬奥会（三）：奥运村生活

　　索契奥运村里的每一个角落都充满了新奇，小到房间里带有冬奥标志的床上用品，大到上千人可以同时用餐的餐厅，这是我第一次真真切切感受到奥运的氛围。

　　来自世界各地的观众、媒体、官员、赞助商和运动员家属住满了周边的酒店，整个城市因此热闹非凡，但是这一切喧嚣似乎和我们没有任何关系。运动员们在奥运村里像被保护起来的大熊猫，吃饭训练睡觉，按部就班，时刻准备在奥运赛场上亮相。

　　当然，奥运村为运动员们提供了最佳的服务保障：餐厅里有各种菜系，小食、饮品几乎全天供应；娱乐区可以打台球、乒乓球，还有拍照留念的大头贴机器；有可以无限量提取的饮料机，只要拿一个赞

＊ 我最关心的还是冰场

* 2014 年索契冬奥会留念 1

* 2014 年索契冬奥会留念 2

助商准备的特殊的钥匙扣即可；有洗衣房和烘干房；人最多的地方是奥运特许商品店，这里的吉祥物总是被抢购一空，供不应求；休息区域还提供按摩椅；还有运动员有奖教育问答活动，以及各种可以参与

彩虹奥运梦

的小游戏，报名就有小礼物。赞助商们还准备了一些科技体验区，供新产品展示。

这些地方都是每天晚饭后，结束一天训练的运动员们相互交流的区域，每位选手穿着各自代表团的服装，虽然能知道来自哪个国家，但我们也经常会通过外表和身材来猜他（她）们的参赛项目。

有两个环节令我记忆深刻。第一个是文化交流活动——换胸章。在出发前，团部就给每位选手发了几枚有中国国旗和奥运五环设计的胸章。在奥运村，看到谁的身份卡上别的胸章好看，就可以去交换，一个小小的胸章让运动员们有了更多交流的机会，虽然很多时候语言不通，但都能领会彼此的意思，让我们感觉很有趣。

第二个是电视转播，选手们可以时时刻刻关注赛场的动态。大家都会目不转睛地盯着自己国家代表队的比赛，有的握拳跟着使劲，有的默默祈祷，还有的呐喊助威，就像要把自己的力量通过屏幕传递给队友一样。等到最终结果揭晓，大家纷纷拥抱握手相互祝贺，那感觉非常奇妙，虽然我们是对手，但我们并不是敌人，我们在同一个规则下竞争，展示自己的实力。无论你来自哪里，无论你是什么肤色，无论你使用何种语言，这一刻，大家只因奥运精神而彼此尊重。

每天去吃饭的路上或是训练空档期，我和我的队友都会去挖掘新鲜事物，哪里的景色更美，哪里可以拍出好看的照片，谁身上的胸章最多，也会好奇其他代表团的人员数量，猜一些从未见过的国旗。

除此之外，团部也会定期给我们开会，组织一些村内村外的集体活动。

第五十二章
索契冬奥会（四）：开幕式

　　如果在奥运会期间只有一张入场券可以选择，我相信大多数观众都会选择开幕式。圣火从奥运会起源地雅典开始传递，每一位为奥运会做出过贡献的火炬手传递火种跨过大江南北，穿越每个城市，最终来到主办城市的开幕式主会场。来自世界各地的运动员、教练、观众、媒体，一起见证主火炬被点燃的一刻，随着《奥林匹克颂》的响起，全体人员肃穆庄严地注视着奥林匹克旗帜冉冉升起。举办国的最高领导人宣布奥运会开始的那一刻，奥林匹克也再一次为创造人类进步而启程。每一位在主会场游行的选手都是各个国家的代表，也是每项体育运动的佼佼者。他们即将创造历史，即将圆梦。而我也即将亲自体会这一神圣庄严的时刻。

　　或许今年的冬天是个暖冬，也或许期待让我热血沸腾，我没有感觉到一丝寒冷，完全沉浸在兴奋之中。2月10日傍晚，我们早早就来到了开幕式的候场区。每一支代表队都由一名火炬手、一名运动员、一名教练员、一名官员组成。我不知道有多少选手和我一样是第一次参加奥运会，但我能感受到每个人的脸上都洋溢着期待与好奇、自豪与荣耀。语言相通的选手在相互交流，不通的也在合影留念、交换胸章，现场一片其乐融融，像是好久不见的一大家人。

　　随着队伍进场，场地里观众的欢呼声和音乐声越来越大，奥运会开幕式必不可少的环节——代表团绕场开始了。以运动员为核心的奥林匹克精神和"没有运动员就没有奥运会"的理念在此刻体现得淋漓尽致。我们的代表团慢慢移动到主会场的大门，欢呼声越来越热烈，

* 开幕式上的我，冯教练（中），
队友白秋明（右）

我望向会场内的人群和灯光，太震撼了，我从未如此激动过！大屏幕上突然出现了中国代表团的画面，随着一声"即将走来的队伍是中国"，我们出发了，展现在我眼前的是数不清的观众和媒体，我们每个人挥舞着国旗，那一刻好似在向全世界宣布："我来自中国！"与此同时，全世界也在向我们招手。我根本来不及拿手机拍照，仰望天空满是星辰，环绕四周的是全世界，脚下踏着比赛场，时间仿佛静止了。我们迈着激情澎湃的步伐，绕场走完一整圈后在观众席入座。等所有国家和地区的代表团绕场完毕，国际奥委会主席巴赫和俄罗斯总统普京先后发言，宣布奥林匹克开幕，全体人员起立，行注目礼，奥林匹克旗帜随着《奥林匹克颂》缓缓上升，2014年索契冬奥会正式起航。

奥林匹克是文化的传承、国际交流的纽带、文明社会进步的见证者。奥林匹克可以让世界所有国家和地区在同一规则下竞争，保证公平、公正、团结、尊重。这一刻，我在这里见证这一切的发生。我注视着奥林匹克旗，默默地为自己骄傲，为自己是中国运动员自豪。

第五十三章

首次亮相，冬奥登场

我在索契冬奥会上拿到了两个项目的奥运资格，分别是 500 米和 1000 米。说来很有戏剧性，因为我天生红肌不够发达，再加上韩教近两年的马拉松式训练，我的爆发力在国内都排不上名次。500 米项目，我在正常发挥的前提下，起跑的 100 米在世界 A 组前 20 人里经常都是排名倒数，不正常发挥一般就是最后一名，通常还没进弯道就比别人慢了将近 1 秒。因此从我练速滑起，就从未有人看好过我的 500 米。但实际上，我每一次世界排名的突破都是在 500 米项目上，比如，第一次进入世界前八名是在 2010 年第一次参加世界单项锦标赛，500 米第七名；2012 年的世锦赛，我第一次登上领奖台，拿到的是 500 米铜牌，而当时 1000 米仅列第七名。其实，整个运动生涯，我拿到的世

* 2012 年世界杯分站赛获得铜牌

界冠军也是 500 米多过 1000 米。

虽然有时候弱项的突破给自己增加了许多信心，也多次创造了起跑不快却在后程取胜的奇迹，但是唯一的一次摔倒也是在 500 米上，而且就在三个月前。那一摔不仅让我差点与奥运会擦肩而过，大腿深层肌肉和脚踝的拉伤至今还在隐隐作痛，还有最让我难以战胜的心理阴影，我真的能克服这些吗？从我知道奥运赛程第一天是 500 米的时候，我就开始忐忑不安。

2014 年 2 月 11 日，在到达索契之后的第五天，我站上了起跑线。速滑滑冰比赛不设预赛、次赛、半决赛，一个奥运资格，一次上场机会，速度是你唯一可以留给观众和对手的。索契奥运会的 500 米需要比赛两次，内道一次，外道一次，两次成绩相加计算总成绩（这是 500 米项目需比赛两次的最后一届，2018 年平昌冬奥会开始改为比赛一次）。这其实也在考验选手的综合能力，因为要内外换道，如果最大时速的时候是内道收圈，那对弯道技术的考验是极大的。但我是短道改项的选手，虽然起跑不是我的优势，在弯道过程中我不但不怕倾倒角度大，反而可以利用离心力再次加速。这也意味着我必须要在弯道弥补我起跑的落差，一般在第一个弯道过后我不输对手 1 秒，那后程我就有信心超越。

首届冬奥会，首个 500 米，我上场了，外道，内道是俄罗斯选手奥尔加，近两个赛季世界排名前六。前一组比赛结束，我脱下身上的热身服滑到起跑线。如果没去过俄罗斯，你永远不知道俄罗斯的观众对冰雪项目有多疯狂。也不知道是他们欢呼声音太大，还是我紧张过度，除了盯着眼前像镜子一样的冰场，我什么也听不见，最后如果不是裁判使劲吹哨示意，我想可能连发枪都听不见了。瞬间安静的冰场，所有人都屏住呼吸，我尽量控制双腿不颤抖。"Go to start, ready！"

一声枪响，我俩就冲了出去。她在我的左边，我的右边是观众席，刚跑了四五步，我就听到一阵急促的哨响，第一反应是我俩有人抢跑犯规，我缓了一步，也许只有半秒的时间，我脑袋里闪过无数画面，下意识用余光扫了眼对手，她在我侧前方仍然在加速，原来是观众的哨声！我开始奋力直追，使了九牛二虎之力蹬着冰，甚至忘记看教练的报表。直到冲过终点线，我还是输给她了，懊悔起速时的大意。我不知道如何面对教练，也害怕我的成绩让大家失望，这可是我第一次站在奥运赛场上啊。500 米项目比赛很快，在我还没脱下冰鞋时，全部选手就完成了比赛。李相花（上一届 500 米冠军）排名第一，奥尔加排名第二，我竟然是第三！我从未跟李相花的成绩如此接近过，只差 0.1 秒，她那几年的状态可是无人能敌的。刚才的失误一下子变成了动力，我默默地咬着牙，准备在一个小时后的第二次 500 米把分数追回来。我心想，只要发挥正常，第三名稳握在手。不一会儿分组就出来了，我和教练都有些震惊，我和德国的沃尔夫排在一组，在之前的世界杯中我从未和她分到过一组。全世界速滑选手都知道她的强项是 100 米，正常水平都在 10 秒 1 到 10 秒 2，而我状态最好的时候也要 10 秒 8 到 10 秒 9。最可怕的是我在内道，如果第一个弯道我俩发生碰撞，只有两种可能性：第一，我给她让道；第二，一旦我影响她出弯道，我就会被判罚，取消比赛成绩。这两种可能性都会直接影响我的最终排名。唯有我比她出弯道更快，才可以顺利完成比赛。

　　尽管心中无限纠结和紧张，这一刻还是到来了，我站上了跑道，随着裁判的发令枪响，我再一次玩命地冲了出去，这次我没有被观众干扰，我一直看着侧前方的沃尔夫，我也不知道前 100 米用了多少秒，所有的希望都在弯道上。我真的是太紧张了，入弯道竟然蹬空了两步，还好出弯道我找回了一点儿感觉，继续加速，刚刚好比她快一点点，估计她要特别感谢我，整个直道都在我身后追着我。我当然也没气馁，一直拼到终点线。我充满期待地盯着大屏幕，成绩出来的时候，我愣住了，比上一个500米整整慢了0.7秒，自从2008年开始练速滑，我的两次500米从未相差过0.3秒。我再也不敢看大屏幕，捂着眼睛等待最终的排名。刷新成绩的每一秒都像是煎熬，我听不到观众的呼喊声。终于，所有选手结束了比赛，两次500米的总成绩一个一个地显示在屏幕上：第一名韩国选手李相花（意料之中），第二名俄罗斯选手奥尔加，第三名荷兰选手波尔，我的名字竟然是第四个出现在大屏幕上的，我确认了好几遍，那的确是我的名字，我以为第二次500米的表现会让我跌出前六名。

走出赛场是媒体区，也是所有运动员结束比赛后跟世界的第一次交流机会。经过这么多年的采访，我与央视的专项记者已经非常熟悉，一个亲切的拥抱，一个所有人都想问的问题："没拿到奖牌有没有遗憾？"我答道："这是我的第一届奥运会的第一个项目，第二次500米因为很多原因，我发挥得不是很好，但我是幸运的，我跟第三名只相差0.1秒。"最后，我小声说了句，"我的主项是1000米，我希望1000米可以发挥得更好。"

回到奥运村已经是深夜，刚才争分夺秒的激情澎湃全部消失了，这里的宁静就像浩瀚的星空。距离1000米的比赛还有不到48小时，这48小时是破茧成蝶的最后时刻，也是自我调整、自我激励的最后阶段。我希望时间过得慢一点，让我再准备一下；我也希望时间过得快一点，这煎熬的备战不知道折磨了我多少个日日夜夜！

第五十四章
圆梦（上）

比赛前一天，我做了一个奇特的梦，至今记忆犹新。我赤脚站在湖中，湖水清澈见底，过膝的湖水下是一层大小均匀的鹅卵石，碧蓝的天空和连绵的山脉相连。微风轻轻吹过脸庞，我低头一看，一大群鳞片发光的蓝色大鱼从我小腿间游过，它们丝毫没有害怕我的感觉，缓慢地摆动着身体，轻轻地触碰着我。我俯下身顺势抱起一条鱼，闪亮的鳞片和阳光重叠在一起，它仿佛也在看着我，那一瞬间我感觉到祥和，仿佛我和大自然融为一体。我缓缓睁开眼睛，仍然为梦中的景色陶醉，那蓝色的大鱼是我从未见过的，那湖水清澈得犹如明镜。紧张的情绪被这个梦舒缓了大半。

500 米的比赛激发了我的状态，但也因情绪高涨，第二天醒来时我感觉很疲惫，不仅仅是疲惫，我好像发烧了！我的后背开始冒虚汗，鼻涕也不停地流，这时距离 1000 米的比赛还有不到 36 个小时，我开始忧虑起来。我应该去找队医吗？我应该告诉教练吗？一番挣扎后，我默默地拿起外套到奥运村里慢跑，当然也不忘带上我的小皮筋做了几组踝关节的力量训练。自从奥运会预选赛那一摔，康复师给我的小皮筋和泡沫垫始终没离开过我的背包。脚踝里的积液和大腿后侧的拉伤经常隐隐作痛，而因为紧张的备战，我甚至没有一天休息时间。为了这一刻，我等了 18 年，我的教练，我的团队，都为我付出了所有，如果我连这点疼痛和感冒都不能承担，那还如何实现梦想！那天我只见到了教练一次，我把冰刀送到他的房间，这也是我多年来对教练的依赖，每次穿着教练亲手制作又亲自磨的冰刀，孤独的比赛仿佛多了一份陪伴。后来，教练告诉我那天他磨了三个小时。2月12日傍晚，我拿到了分组通知，第七组，内道，同组的是加拿大选手，也是上一届温哥华奥运会1000米金牌获得者内斯比特。

2014年2月13日，1000米比赛日，比赛仍是当天傍晚进行。从早上一睁眼我就开始坐立不安了，脑海中闪过无数比赛的画面，起跑、弯道、冲刺，我无法定格到某个细节，也无法控制我的情绪。吃午饭的时候，我的后背仍然在出虚汗，因为没有体温计，所以我也不确定自己当时的体温。下午，我尝试小睡了一会儿。我和教练约好4点一起出发去比赛场。我很喜欢索契的奥运村，因为我们可以步行到场馆。15分钟的路程，我和教练边走边聊，我们好像从没有过那么轻松地聊过天，教练聊他女儿淘气的趣事，还给我看他女儿的视频，唯独没提比赛，虽然此刻我们心里都清楚，我们即将奔赴战场。他突然注意到我一直在抽鼻涕，关切地问了句："你感冒了吗？"我赶紧回答："没有，就是鼻炎而已。我要去做准备活动了。"

* 去往场馆的路上，教练为我拍下的照片

我并没有在大众热身区做准备活动，而是找了冰场后面的一个走廊，那里只有我自己。我按照惯例开始慢跑，拉伸，活动膝踝，然后做专项热身，最后去休息室换比赛服，准备做冰上第一次的热身。从2008年改练速度滑冰，赛前热身的流程我已经做过数十遍，通常不会改变任何环节。穿上冰鞋，我小心翼翼地摘掉刀套，感受冰刀和冰面的摩擦，教练把我的冰刀抛光得跟镜子一样亮，那感觉好极了！只是谁也看不出我内心的紧张，没有任何人知道我的心脏甚至要跳到喉咙里了。上万平方米的冰场上只有18组36名选手在做热身，从每位选手的眼神中可以看到滑行时的专注。这时还没有观众入场，冰场上安静极了，耳边只有呼吸声和冰刀滑过冰面留下的唰唰声。

再次热身是30分钟后，准备上场比赛，速度滑冰的比赛只有一次决赛，所以给选手们留了充分的准备活动时间。虽然有过500米的前奏，但在我从地下通道进入比赛场馆的一刹那，我再一次被俄罗斯观众的热情征服了，欢呼声让我听不到两米以外的对话。冰场内的灯光亮到睁不开眼，我用尽一切方法沉淀自己的心情，但是场面真的太震撼了，那一刻，我想如果我是观众，我可能会更享受这场比赛。

紧张的氛围一直持续到第六组选手滑到终点，"第七组选手，内道，中国，张虹"，话音刚落，我站上了起跑线，按照以往比赛的习惯，我戴上比赛服的帽子，低头看了一眼自己的冰刀，深吸了一口气，把目光专注到眼前洁白的跑道上。我静了下来，我听到了自己的心跳，扑通，扑通，缓慢且有力量，我感受到每一次呼吸都贯穿了我的身体。上千名观众的欢呼声和他们挥舞的各国旗帜已经完全被我屏蔽，在听到裁判员发枪的一刹那，我屏住呼吸，用尽全身力量冲了出去，我清晰地记得以前所有比赛中教练告诉我要注意的动作要领。此刻，仿佛我和我的冰刀，以及脚下的冰场已经融为一体，1000米的每一步我都

彩虹奥运梦

* 上场前的紧张瞬间

能感觉到我结束蹬冰的位置，我摆臂的力度，我的体能分配，还有我的每一次呼吸。我用余光看着同组的对手和教练手里拿的记分牌。我渐渐感觉呼吸加速，腿部的肌肉开始燃烧，即将进入最后一次换道。1000米发生换道区碰撞的概率非常小，因为同组选手的成绩很接近，所以换道区我应该跟在对手身后出来，这样也利于我最后的冲刺。可是滑到弯道顶点的时候，我感觉我们的距离非常近，脑海中瞬间划过两种可能性：第一种，我缓一步，让对手从我前面出弯道，但是这样有可能会影响我全程的速度，我俩一旦碰撞，后果便是两败俱伤；第二种，我提前发力，这样会把风险降到最低，唯一的担忧就是最后冲刺200米我的体力不够。最后我决定采用第二种，我用出弯道技术的优势成功超越了对手，这时距离终点仅仅不到200米。

终于到了最后一个弯道！从一入弯道我就能感觉到腿已经使不上力，意识告诉自己一定要冲到终点线。突然，我的左脚踝一打软，我也不知道发生了什么，只能拼尽全力在弯道最顶弧的地方把自己支撑起来，虽然这一举动不到 1 秒钟，但是我的内心世界早已经历了天翻地覆。出弯道最后 50 米，因为我把对手落得很远，没有人在我旁边和我对比冲刺，我看着终点线，突然想起去年世锦赛我就是在这里输的，在哪里跌倒就在哪里爬起来，我张着嘴大口呼吸，连手指头都在用力，直到冲过终点线。我站起来，看到大屏幕上显示 1 分 14 秒 02，这时我才听到观众的欢呼声、掌声，才看到教练脸上的笑容，我伸出手跟他击掌。

这是我在平原冰场从未滑出的成绩！不过，此时排名还无从知晓，因为我后面还有 12 组选手……

第五十五章

圆梦（下）

　　真正的煎熬原来不是比赛开始前，而是比赛结束后。我脱下冰鞋，站在硕大的冰场中央环顾四周。观众席是上万名观众，场地内是正认真热身的候场选手，赛场上是争分夺秒的速度与激情。从起跑的发令枪到冲过终点线的每一个瞬间，我目不转睛地盯着大屏幕，希望她们的成绩不会超过我，甚至比我自己上场还要紧张。此刻，我身上的疲惫和酸痛还没消失，站着也不是，坐着也不是。我跟教练说："我想回休息室，一会儿成绩结果出来，你告诉我就行了。"他倒是跟个没事儿人似的看着我乐。可想回休息室的计划也泡汤了，因为国际奥委会有规定，为了抓拍精彩瞬间，目前第一的选手不能离开场地。 于是我更紧张了，有镜头跟着我。我拿着矿泉水一口一口地喝，试图缓解表情上的紧张，让自己平静下来。

　　比赛还在紧张有序地进行着。半小时过后，我渐渐平静下来，坐在教练旁边。我永远记得那个场景，长椅两边是我和教练的冰刀，我们谈笑风生，就像几个小时前在来赛场的路上一样。他说："你紧张什么？你滑得那么快，你看看那些没滑的，她们才应该更紧张！"我顺势转身看了看，氛围凝重，选手们的眼神犀利。我又认真地回顾了下刚才的比赛，说道："教练，我觉得这场比赛是我这么多年发挥得最完美的一次，没有任何一个细节的不足。今天谁要是比我快，我心服口服！"他没说话，只是会心一笑，仿佛在说："你滑得好不好，我还不知道吗？"

　　摄像机的镜头时不时扫向我，又扫向刚结束比赛的选手，直到最后三组，我的心又再次澎湃起来。因为这三组是积分赛分数最多的，也是奖牌最有力的争夺者。倒数第三组，俄罗斯选手奥尔加，去年同一时间，我在这个场地输给她，结果她的前半程成绩比我快，但最后一圈还是落后了我一点儿；倒数第二组，荷兰选手伍斯特，速度滑冰的夺冠王，奥运金牌最多的女子运动员之一，从 1000 米到 5000 米所有项目都参加，最终她的成绩比我慢了 0.6 秒；最后一组，两天前刚

＊ 身披国旗的荣耀

刚在 500 米拿了金牌的韩国选手李相花，圈内人都知道 1000 米不是她的主项。这时好多人的目光开始转向我，但我仍然紧盯着大屏幕，心里想万一她要是状态极好呢。400 米，300 米，200 米，100 米，我的线始终在她前面！我不记得是谁给了我国旗，但我记得教练在李相花还没滑完的时候，在我耳边说了一句："一会儿你别哭！"我拿着国旗跑到场地另一边中国代表团的座位和他们打招呼，脑海里突然闪过教练的话，我还想，这么开心的事儿哭什么？

这时已经是当地时间晚上 8 点多，现场观众开始退场，但我们还有下一个环节——颁奖！等我拿着国旗跑回来的时候，已经找不到队友和教练，内场裁判让我们集合准备颁奖。从这一刻起，我的人生似乎开启了新的篇章。

赛前的紧张忙碌，让我根本没机会关注奥运会的颁奖仪式，认为

＊ 拿到冠军花束后，与教练合影，我将我们共同努力得来的奖牌戴在他的脖子上

* 我是冠军

彩虹奥运梦

应该跟世界杯一样。随着工作人员把我们引导到领奖台后面，从铜牌获得者开始，终于等到了我的名字，我迫不及待地蹦到了领奖台上。然而，画面并没有想象中热烈，国际滑联的领导给我们每个人先颁发了一束花，我疑惑了，不是后发花吗？然后，结束了！我的金牌呢？接下来，我们直接被带到了采访区，这时我才知道，冬奥会要统一在颁奖广场上面向全世界的观众颁奖并且升国旗奏国歌。由于今天的比赛结束太晚，所以要等到第二天才能去颁奖广场。

　　这一天并没有结束，一连串的采访，央视、新华社、腾讯……如果我没记错，好像参加了四场视频采访，回到奥运村已经是凌晨3点多。我赶紧找出手机，数不清有多少条微信，微博瞬间从1000粉丝涨到了几十万！我记得自己最先给妈妈回了微信，那时候家里新装修的房子还没有电视，她说好多记者来家里采访，一起拿手机和电脑看比赛，我听她声音有些激动，赶紧安抚她的情绪，让她先睡。而我自己开始激动起来，外面是蒙蒙亮的天空，过去的几个小时都发生了什么？我真的拿了冠军吗？我的金牌呢？

第五十六章

登上最高领奖台

　　我想，这一刻是所有冰雪人和我一起共同期待的。从 1980 年中国代表团首次参加冬奥会到 1992 年阿尔贝维尔冬奥会，叶乔波前辈在速度滑冰项目首次获得中国冬奥奖牌。22 年后的今天，我们终于实现了速度滑冰的奥运金牌梦。这荣誉属于所有前辈的努力，没有一代代冰雪人的奉献和付出，就不会有今天站在索契冬奥会赛场上的我。

　　2014 年 2 月 14 日，当地时间 18 点，我们来到了颁奖广场。今天的夜色格外美，这也是我到达索契后第一次来到观众区域，站在这里可以看到所有冰上比赛场馆，还有远处燃烧的奥运圣火。颁奖广场前方有千万观众、代表团和媒体，后面有好多项目的奖牌获得者等候颁奖。此时，比赛的紧张氛围早已不见了踪影，大家说说笑笑，期待着奥运奖牌挂在胸前的那一刻。等候过程中，组委会还为我们安排了化妆师，我化了一个俄罗斯风格的大浓妆。我们在后台偷瞄着前方的颁奖流程，绚丽的灯光，飘扬的国旗，神圣又隆重的仪式。运动员们穿着各自代表队的服装，不同肤色、不同年龄、不同国籍、不同种族，难怪奥林匹克是世界体育的最高领奖台，它的魅力超乎想象。我被这一切吸引着，心中充满期待。

　　除此之外，这一整天我也在想如何登上领奖台，怎样记录这一神圣的历史时刻。我想让世界知道我是中国速度滑冰选手！我不仅仅是一名运动员，还是一名现役军人，那么，没有比敬军礼更能表达我此刻心情的方式了。

　　终于，轮到我们出场了。第二名、第三名是两位荷兰选手，我们

彩虹奥运梦

是好多年的对手，也是朋友。荷兰是速度滑冰王国，不仅有全世界最优秀的队伍，还有最先进的滑冰装备，本届冬奥会速度滑冰共 12 枚金牌，荷兰队收获了 8 枚，还斩获了大部分银牌和铜牌。她们穿着橘黄色的队服，站在她们中间，我身上红白色的领奖服显得格外耀眼。我们绕过后场，进到主舞台，眼前的场景让我瞬间热血澎湃：抬头是满天星辰，远方是索契冬奥会燃烧的火炬，侧边是一个巨大的屏幕和笔直的升旗杆，眼前是各国观众和媒体，正炯炯有神地看着我们。我看到了好多人手持中国国旗朝我挥手。可是我并没有看到教练熟悉的身影，但我知道，他就在某个角落默默地注视着我，给我加油，和我在场上比赛的时候一样！

铜牌获得者！银牌获得者！我默默地低下头，闭上眼睛，等待着那一刻——金牌获得者，张虹！我跳上了领奖台，那仿佛是世界之巅，

* 站在领奖台上的庄严时刻

我听到了全世界的掌声为我响起，我感受到了全世界对我的肯定，我的心里充满了自豪和荣誉感，我做到了！当颁奖嘉宾把金牌挂到我脖子上的一瞬间，我唯一的感受是，它好重，尤其是它代表的意义，更重！当《义勇军进行曲》奏响，五星红旗飘扬的时候，我庄重地抬起右臂，敬礼！我注视着国旗，唱着国歌，我知道世界此刻在看着我，我要让世界知道我是中国运动员！

走下领奖台，我飞奔着来到广场，和每次比完赛一样，教练是我最想见到的人！而他就在那里，人群后面最不显眼的地方，甚至连灯光都不会照到他。我跑过去，第一个举动就是把金牌戴在他的脖子上，无法用语言表达对他的感激。教练的眼眶红了，瞬间转了过去。我知道，这枚金牌，从当运动员到当教练，他付出了多少努力！其实，在比赛前，教练早已算出了我可以争夺金牌的成绩，1分14秒5，我按照他的分圈计时，每一圈都快了0.2秒。事实证明，那个成绩也可以拿到金牌，因为银牌获得者伍斯特的成绩是1分14秒67。

此时此刻，我是奥运冠军，而在教练面前，我永远是那个短道速滑改项过来、连冰鞋都没有的大胖姑娘。

第五十七章

见证夺冠，中国第三金

本届冬奥会，我是中国代表团第二枚金牌的获得者。第一枚金牌是李坚柔在短道速滑女子 500 米项目上获得的。我们是同一天夺金，只差两个小时。而我又有幸见证第三枚金牌的诞生。

短道速滑是中国代表团在历届冬奥会上获得金牌数量最多的比赛项目，也是曾经我奋斗了十几年的项目，我当然不会错过现场看比赛的机会。就在我查找短道速滑赛程，研究着怎么去场馆的时候，我收到了央视的邀请——解说女子 1500 米决赛。这回不仅能看，还能互动，我兴奋地答应了。但是我并没有当过解说嘉宾，也不知道怎么跟观众朋友们讲解比赛。

2014 年 2 月 15 日下午，我来到了短道速滑场地。短道速滑的赛场周长只有速度滑冰的四分之一，111.12 米，直观视觉效果也和速度滑冰场馆大不相同，观众席的角度和 NBA（美国职业篮球联赛）赛场有些相似。尤其是座无虚席的时候，那真叫一个震撼。当我进入场馆时，比赛已经在进行中，我费了好大劲才找到央视解说的地方。当天的解说员是刘星宇，我对他既熟悉又陌生。他平时负责速滑、短道还有篮球的比赛，他的声音我不知道听过多少次，而且我两天前夺冠的比赛也是他解说的。但是，见到真人还是第一次。我找到他的时候，他正在解说男子接力预赛，示意我坐在他旁边，给我写了张字条："大胆说，随便说！"我看着上万名观众和正在比赛的运动员，又激动又发蒙，不知道如何开口。

不一会儿，短道速滑 1500 米女子决赛就开始了，共有 7 位选手

彩虹奥运梦

入围。中国的两位选手分别是周洋和刚刚获得 500 米金牌的李坚柔，场上还有韩国选手沈锡希，意大利领军选手方塔娜，刚刚参加完速度滑冰比赛的荷兰选手莫斯，真可谓高手对决。1500 米是短道速滑项目中个人最长距离的比赛项目，通常后程比起跑站位更加重要，但是决赛中有两位中国选手和两位韩国选手，所以气氛从一出发就略显紧张。第一次起跑竟然有人抢跑，我光顾着看比赛，忘记了说话，刘星宇在一旁提醒我，我看一眼赛场，看一眼屏幕，恨不得跟着一起使劲。

比赛开始，选手们丝毫不敢放松警惕，内道外道超越、变换路线，李坚柔尝试从外道超越，竟然和其他两个人一起摔了出去，我们的心被揪了起来。场上只剩下四名选手，方塔娜目前第一，沈锡希第二，周洋第三。只见周洋不慌不忙地和前面拉近距离，尾随，最后先找机会超越到了第二位，然后在最后一圈半的时候内道再次超越到第一位，一直冲到终点。我内心无比激动，大喊了起来，完全忘记了自己在媒

＊我与周洋（右）、李坚柔（左）

体区。我曾经和周洋同场比拼过很多次，她虽然年龄比我小几岁，但是比赛的沉稳劲和技术早已是世界前列。今天她的表现堪称完美，如此沉稳，如此自信，动作干净利落，思维敏捷，令我震撼。我激动不已，似乎都快忘了自己也刚刚拿了冠军。

无比幸运能见证中国代表团第三枚金牌的诞生，也完成了我首次解说的使命。为周洋骄傲，为我们中国骄傲。改项速滑多年后，经常有人问我更喜欢短道速滑还是速度滑冰，我的回答是：短道速滑是我的梦想，速度滑冰是我的职业。

彩虹奥运梦

第五十八章

高光时刻过后短暂的迷茫期

索契冬奥会唯一的遗憾是没能被选为闭幕式旗手，也没能参与闭幕式。临时的决定，临时的航班，从拿到冠军的那一刻，好像一切都不在计划之中。不过，这个决定也让我得以提前几天拥抱祖国。

依稀记得我和教练是从索契转圣彼得堡再转机回国。转机过程中，教练请我在机场吃了一顿美式烤猪肋排，那味道至今难忘，似乎再也找不到那么美味的大餐。那顿猪肋排到今天仍是我和教练的聊天话题。飞往北京的航班上，一上飞机我们就被机长和空姐认出来了，他们邀请我们到公务舱，即便我们一再谢绝，最终还是接受了他们的诚挚邀请和对运动员的热情。

到达最终目的地——哈尔滨。我从来都没见过那么多记者，据说来了两三辆最大的客车，他们竟然直接走到飞机下面来接我，这不是只有在电视里才能看到的画面吗？真是壮观！我四处张望，一眼就看到了几乎被人群淹没的妈妈，然后是队友、领队、领导，熟悉的面孔让我瞬间感受到了家的温暖，他们是我最想分享喜悦的人。

从 2014 年 2 月 13 日结束比赛，教练给我放了三个月的长假。从7 岁开始滑冰，过年过节，生病住院，都不曾休息一日。刚开始我觉得简直是太爽了，教练甚至都没有提醒我在家保持简单训练，也许他是想让我好好享受夺冠后的高光时刻吧！

随后的日子里，我的世界突然变大了，除了活动和采访，我加入了好多社会组织，比如全国青年联合会、青年企业家协会，还认识了各行各业的精英，也得了数不清的奖项，运动服也换成了晚礼服、正装。

＊ 一家三口参加体育频道特别节目《爱家才会赢》

＊ 参加"奥运冠军与你骑行晋江"活动

从默默无闻到一战成名，每天拍照，采访，加好友，经常被大街上的人认出来。说实话，我并不享受这样的生活，从开始的新鲜好奇慢慢变成了一种迷茫。有人说，你都拿到奥运冠军了，应该急流勇退，享受冠军的生活；有人说，没人在乎你得过几个冠军，还遭罪训练干什么；还有人说，你颜值高，一定要进娱乐圈……各种各样的建议纷至沓来。直到突然有一天，我看着周围熟悉又陌生的人，我想我的团队了，那才是我的生活和世界。我迅速拿起手机，把有教练和队友的群置顶，问道："教练，咱们什么时候归队啊？"依然是那个点到为止的回答："下周末大家准备恢复训练！"

回到宿舍和训练场的那一刻，我心里突然有了归属感，没有任何一个队友把我当成奥运冠军，没有恭维，也没有合影。我们依然每天研究技术，聊着外人永远不懂的话题，在练不动的时候相互鼓励。和那个到处是赞扬的大社会相比，我更喜欢我们真实的小世界。

我从没有想过在 2014 年索契奥运会结束后退役，因为那时候我突然意识到，这个从我 7 岁就开始的运动，它代表的已经不仅仅是那个金牌梦了，它变成了我生活中不可缺少的一部分。我喜欢驰骋在冰场上的感觉，我喜欢我的团队氛围，我喜欢每天感受肌肉酸痛，看着自己的一点点进步，我要在速度滑冰的跑道上一直滑下去，我还要创造更多不可能。

第五十九章

2022 年北京申冬奥大使（上）：瑞士，洛桑

　　转眼到了 2015 年，春假还没过就接到了国家队的通知，任命我担任北京 2022 年申冬奥形象大使。与我被一同任命的还有花样滑冰冬奥首金得主申雪、赵宏博，著名篮球运动员姚明，四届冬奥会滑雪空中技巧冠军李妮娜，2008 年残奥会冠军侯斌。每位大使都有着与奥运紧密相连的经历，在各自运动领域的影响力极大。我年龄最小，是六位申奥大使中唯一现役的一名。我受宠若惊，中国要申办冬奥会了，而且我还是申奥大使！赶紧打开手机搜索着一切跟申奥大使相关的信息，一时间不知道自己该做什么，能做什么。

　　我接到的第一个任务是同年 6 月份和北京申冬奥委员会一起前往国际奥委会总部，瑞士洛桑。我从未去过瑞士，只是听说这里跟奥林匹克有着不解之缘，国际奥林匹克博物馆就坐落在日内瓦湖边，我曾在《萨马兰奇传》里领略过它的传奇故事。跟随代表团，我们从北京抵达日内瓦，又乘车抵达洛桑，眼前的景象让我恍若走进梦幻的童话王国。我去过北美洲、欧洲、亚洲的十几个国家和地区，却从未见过如此美丽的城市。这座城市坐落在安静的日内瓦湖边。晴天的时候，隐约能看到湖对面的城市，据说那里是法国依云矿泉水的产地，依云小镇。阴雨天的时候，天空和湖面仿佛连在一起，似乎每一滴雨水掉落在城市里的石头路上，都可以听到它清脆的声音。

　　我们住在市中心的酒店里，出门即是一条长长的斜坡石头路，往下走一百多米就是著名的洛桑火车站，这也是到洛桑必打卡的地方，也许这是世界上唯一一座有五环标志的火车站。往上坡走则是一条步

彩虹奥运梦

行街，十分热闹，有一家百年历史的酒店很有名气，据说是国际奥委会主席和委员们住的酒店。我好奇地看着周围的一切，想多了解一点儿国际体育组织的相关知识，只不过瑞士当地人说法语，加上我英语水平有限，只能多看。

我们的主要任务是向国际奥委会和世界媒体展示举办方案并陈述。一抵达酒店，整个代表团就开始忙着修改文件，准备问题，陈述文件，等等。我的任务除了担任大使，还是陈述人的候补。陈述是申奥过程中很重要的环节，不同领域有不同代表，而且要用英语发言。这次我们有政府代表，审计代表，大使有姚明、杨扬和李妮娜等，还有我非常敬仰的知性女性代表杨澜。我不仅要在代表团里和他们一起做准备工作，还要抽时间去训练。开始几天，我绕着酒店跑步，我是一个最不爱长跑的人，但是在这里跑步，配着眼前的景色，丝毫不会感觉到无聊。我还要坚持力量训练，没想到还结识了一个加拿大籍的好朋友安德鲁。他是这次代表团的同声传译负责人，他很喜欢举重，我们一起讨论健身，当然是用中文，他的中文说得实在太好了。我们两个不仅一起去健身房，还一起去探索周边的小餐馆。

2015年6月9日，我们终于和竞争对手碰面了——哈萨克斯坦的阿拉木图。我们两个申奥代表团要在一个会场的不同房间里进行展示，并与媒体交流。我也被请到隔壁的"竞争对手"哈萨克斯坦阿拉木图的展示厅里参观，还和阿拉木图的花样滑冰申奥大使一起合了影。这期间，有数十名记者和其他代表团来拍照、问问题，我也是第一次感受到了这种特别的压力。时任国务院副总理刘延东带队参观了我们的展厅，为我们加油助威，我们的气势瞬间强大了很多，紧张的氛围也缓和了不少。

紧接着是陈述环节，我们准备了代表团要求的统一正装，据说也

受聘成为"申办2022年冬奥会"形象大使

是刘延东副总理亲自选的面料和颜色。进入会场前，大家看起来都很紧张，虽然之前已经排练了好多次，大家还是各自练习，我也是第一次有了心中着急又帮不上忙的感觉。有志者事竟成，我们的陈述进行得非常顺利，也很成功。结束之后，我们还被邀请参观了国际奥委会总部和国际奥林匹克博物馆，这也是我非常向往的地方。

博物馆的设计风格和我想象的大不一样，一进门，暗色的灯光仿佛将我们带入了银河系，旋转的步道没有楼梯，不仅仅方便残障人士，据说还有体育促进世界和平的交融理念。博物馆里有历届奥运会的奖牌、火炬、吉祥物和运动员们捐赠的运动器械，这里还记录着全世界奥林匹克选手的故事。博物馆的正门外是安静的日内瓦湖，错落有致的雕塑象征着和平。此刻，我们每个人脸上都洋溢着成功的喜悦，也在这里留下了非常珍贵的合影，信心满满地启程回国，准备一个半月后的最终投票环节。

短暂的洛桑之行让我爱上了这座城市，不仅和代表团顺利完成了任务，也感受到了奥林匹克运动的悠久历史，最大收获是了解到了国际最高体育组织——国际奥委会。当然，最难忘的还是在这座美丽的城市认识了那么多代表团里优秀的好朋友，我也默默期待着，希望未来还有机会再来洛桑。

彩虹奥运梦

第六十章

2022 年北京申冬奥大使（下）：马来西亚，吉隆坡

　　我想，每一个中国人都会记得 2001 年 7 月 13 日北京申奥成功全民欢呼的时刻。从 1979 年中国恢复奥林匹克席位、1980 年中国首次参加冬奥会，1984 年许海峰的第一枚奥运会金牌、2002 年杨扬的第一枚冬奥会金牌，再到 2008 年北京举办奥运会、2015 年北京申办冬奥会，这期间有多少位运动员在奥林匹克的历史上为中国留下了辉煌时刻，奥林匹克也让更多中国运动员有了展示的机会，得到世界的认可。又一激动人心的历史时刻正在迎接着我们，作为 2022 年申冬奥代表团中的一员，我感到无比荣幸。

　　2015 年 7 月，我们按照训练计划前往加拿大卡尔加里进行高原训练。这是我从 2008 年改练速度滑冰来到这座城市训练的第八个夏天。今年的高原训练周期比以往提前了一个月，因为这个赛季有在新疆举办的全国第十三届冬运会，那里的海拔比卡尔加里还要高，所以结束卡尔加里的训练，我们还要马不停蹄地赶到新疆继续高原训练。接到申奥任务的时候，我正在进行冰上训练。每年最重要的阶段就是陆地转冰上，刚上了两周冰就要旷课，教练很是苦恼，为此还给我出了体能计划，让我在途中保持训练。但想训练可没有那么容易，从卡尔加里飞到北京，再飞到吉隆坡，我要在 7 月 31 日国际奥委会全会前三天到达，之后再赶回加拿大完成最后的测验赛。七天飞了四天，再加上时差混乱，我也只能在飞机上、睡觉前进行简单的核心和专项练习。

　　出发！我还是第一次自己一个人飞国际航线，一路上预习着提前准备的相关采访问题和一些内部参考资料。翻开这厚厚的一本资料，

涵盖赛区建设、环境治理、场馆改造、民众支持、运动员体验、交通、安保等方面，大部分内容都是作为运动员接触不到的领域。我一头雾水，一是感叹原来一场运动会背后有这么多相关准备，二是担心自己回答不上来记者的提问。这一路，我一直在翻阅、熟悉资料，一直没合眼。

抵达目的地马来西亚吉隆坡的时候，场面非常壮观，和第一次去瑞士陈述的时候大不一样，不仅仅是代表团更加强大了，我们六位申奥大使也终于再次相聚，一起准备迎接任务。

先是回答问题，为在飞机上的预习来了一次多重考核。大使们被分成不同的小队，分别参加新闻发布会、综合采访和访谈节目。好在一切顺利，大家不愧是比赛型选手。我被问到的问题大多是关于我今年的赛季准备和速度滑冰场馆的。

接下来是最重要的时刻，参加全会，这也相当于最后的"总决赛"。候场的时候，我看到我们中国代表团所有人都穿着浅蓝色和深蓝色的

* 见证申冬奥成功

正装，早早来到会场蓄势待发，我也看到会场外的中国同胞举着国旗为我们加油，让我感受到了和上赛场前一样的鼓舞。我们排成两纵队，大使最先进入会场。我想，我们这团队作战的气势就赢了一大半吧。

按照国际奥委会的申奥章程和规定，在国际奥委会全会上，由现任委员们投票，票数多的一方获得举办权；如果发生平票，最后一票来自国际奥委会主席。宣布结果之前，没有任何人会知道花落谁家，包括主席在内。这是最高级别的国际体育组织会议，特别有仪式感，台上坐着所有现任国际奥委会委员，我们和阿拉木图代表队分别坐在会场的两侧。我们坐在中国代表团的第一排，我前面是一排摄像机和照相机，椅子上放着同声传译的耳麦，我左边是姚明，右边是李妮娜和其他大使，中间是刘延东副总理和政府代表。随着音乐声和掌声落下，来到了投票前最后一次陈述，也是最激动人心的时刻。我看着屏幕上每一个熟悉的画面，听着陈述人说着中国冰雪运动的发展历史，也回想起自己从 7 岁开始滑冰到 2014 年夺冠的经历。现场的每个人都是那么专注和期待。阿拉木图的冰雪运动历史非常悠久，发言人的陈述也同样精彩，自然气候条件是拉票的优势。在两个代表团做完最终的陈述后，我们退场，委员投票，宣布结果之前还有一次 15 分钟的茶歇。这个过程又让我想起了滑完 1000 米等待后面选手出场的心情，十分紧张却又不能做什么。有意思的是，茶歇结束，并没有召唤我们进去，听说是投票的机器出了点故障，换成了最传统的纸质投票。当我们重新回到会堂的时候，距离公布结果只剩几分钟，巴赫主席走上讲台，委员会请了一位小朋友递上一个大大的信封，信封背面是大大的五环，是那么光彩夺目，又是那么神圣。我们每个人都屏住呼吸期待着，全场鸦雀无声。巴赫主席拿出卡片，反转过来的同时念出了"2022，BEIJING！"我激动万分，听到了全场的欢呼声，看到了大

＊ 在吉隆坡，与其他
大使一起为申办冬奥
会助力

＊ 受到巴赫主席的接见

家激动的眼泪，感受到了庆祝的拥抱。

国际奥委会代表团先是走到阿拉木图的代表团面前表示慰问，然后向我们表示恭喜。这是我第一次和巴赫主席握手，非常激动。而我当时也不敢想象，未来我也有机会加入这个国际体育组织——国际奥委会。

激动人心的时刻总是那么短暂，结束最后一场庆祝宴会，我也即将踏上飞往加拿大的航班，继续履行自己的职责和使命。赛季还有两个月就要到了，这一激动人心的瞬间仿佛给了我巨大的动力奔向2022年的北京！

第六十一章

突发性耳聋

2015 年 8 月 16 日，我们结束了加拿大卡尔加里的高原训练，回到国内。只有一周的时间在哈尔滨整理行李，调整时差，然后就要到新疆乌鲁木齐进行第二阶段的赛前训练和赛季准备。

意外发生在回国后的第三天。因为近期往返多国时差混乱，我的睡眠质量特别差，也严重影响了我的训练状态。正好一位叔叔介绍了一位中医学院的副院长，说让我去试试针灸，调理下神经也许会对我有帮助。其实针灸很顺利，除了有点害怕有点疼，为了能睡好我都愿意尝试。但是无意间我跟医生说起，这几天除了睡不好，耳朵还总嗡嗡响，不知道是飞机坐多了还是因为没睡好。医生很认真地询问了相关情况，我说："回国前我游过一次泳，好像还呛了一下水。我小时候得过中耳炎，但之后再也没犯过病。"结束治疗后，他严肃地说了句："建议你去医院做一个听力测试。"因为医院患者多，我不想再打扰他，一脸疑惑地离开了。回家的路上，我全神贯注回忆了一下耳朵的情况，难怪这几天我开车时总觉得音乐声怪怪的，我以为是喇叭坏掉了。回到家，我赶紧打开音响，结果我听到的还是失真的嗡嗡声。我拿起包就去了医院，挂号做听力测试。进到测试房间，我对面是一台小仪器，医生让我戴上耳机听里面的声音，给她反馈。几分钟后，我信心十足地问道："没啥事儿吧？声音我都听见了。"医生很严肃地说："你去楼上找主任看看吧，你可能需要立即住院治疗。"

因为着急，并没有家人和我一起来医院。我自己到了专家诊室，医生又帮我做了一个小测试，之后他说："你左耳 40% 失聪，属于突

彩虹奥运梦

发性耳聋，这是一个没有医学根据的病，最佳的治疗期限是发现后三天之内……"后面的话我几乎都没听清，只听到她说："现在已经是第四天，需要打激素和高压氧舱的配合治疗，错过了最佳治疗时期，有极大可能留下后遗症！"

我不知所措，但是也不想占用大夫太多时间，道谢之后出了医院的门。后天就是出发去新疆的日子，赛季近在咫尺，住院？我的第一通电话打给了队领导，我把药名告诉他之后，他确定了这属于一类兴奋剂，告诉我绝不能用。于是我又打给了做医药的朋友，咨询有没有其他可以代替的药物和不住院的治疗办法。我并没有打给家人，怕他们担心。我觉得很无助，车窗外下着大雨，倒是很应景，我趴在车里开始大哭起来。眼泪不停地往下流，我害怕耳朵永远听不见，也害怕错过今年的比赛，为了明年的冬运会，我已经准备了一整个夏天。

哭完了，回家，想办法，车到山前必有路！终于，当天晚上我拿到了可以带走的药，同步申请了反兴奋剂中心的用药豁免，好在不是赛季，我还有时间治疗。我带着满满一大箱子点滴用药，和队友们一起登上了去新疆的飞机。

可是，事情并没有那么顺利，我们的训练场地在乌鲁木齐的水西沟。那是一个四面环山的小山沟，别说医院了，连诊所都要开车十几公里，我唯一的希望便寄托在队医身上。第一天，他在我的手背上扎了三针都没能成功。我失望极了，因为除了他，没有第二个人可以帮我。只能再次尝试，他也捏了一把汗，在我两只手背各扎了三针，终于成功了。

就这样，我每天白天左耳戴着耳塞和大家一起训练，晚上打三四个小时点滴。开始的几天，我仍然睡不好觉，因为耳朵一直嗡嗡响，跟在飞机上一样。一周后，我的耳朵渐渐恢复，其实我也不知道恢复

的程度如何，只知道那几天的训练特别关键，我不能耽误任何一天。

那段时间，队友们一直陪伴着我，我打点滴的时候，他们就陪着我一起打扑克，看视频。训练的时候，也很小心翼翼，尽量不在我耳边大声说话。我很感激和他们在一起的每一天，他们让我更有勇气面对赛场和病痛。紧张的赛季开始了，我再也没有关注过耳朵的情况，也没有做复查，但我知道自己已经痊愈了。

彩虹
奥运
梦

第六十二章
创造瞬间时速世界纪录

每年的 9 月似乎都充满了激情和挑战，整个夏训体能的储备迎接着新赛季的到来。 2015—2016 赛季速度滑冰世界杯悄然而至，前两站在高原场地加拿大卡尔加里和美国盐湖城，选手们也都拭目以待着自己的好成绩。

经历了去年一整年的奥运赛后调整，今年我的训练偏重速度、强度、力量方面。索契之后，我将目标定在了挑战我的弱项 500 米上，也为两年后的下一届冬奥会做准备。在卡尔加里，这个再熟悉不过的地方，我对本赛季的初次亮相满怀信心。

按世界杯分站赛的赛程，500 米有两次比赛，分别计算成绩。第一次 500 米滑完，我竟然拿了第二名，和第一名差了不到 0.2 秒。第二次分组让我内心有些小激动，我和李相花一组，她是两届冬奥会500 米金牌得主，速度滑冰界神一般的存在，近几年，从世界杯到奥运会，再到世界纪录，无人能敌。我能跟她分在同一组，已经非常自豪了。我唯一担心的是我的起跑太慢，但这次我是外道，我告诉自己，放心大胆地滑吧！ 500 米对我来说没有任何压力，输，不丢人；赢，就是惊喜。

上了起跑线，赛场边是我的队友和当地华人滑冰俱乐部的朋友们，他们拿着国旗为我助威加油。赛场内，我的教练站在换道区，期待我的前 100 米不要输太多。果然，刚一起跑，我感觉她就像箭一样冲了出去，我却好像在原地踩脚，瞬间体会到了自己与世界第一快起跑的差距。从进弯道开始，我就玩命地追，虽然她离我很远，但我能感受到我俩的距离在一点点缩小。第二个弯道，我更不能放过，这是我最后的追赶机会。突然，出弯道，我太过用力，一脚蹬空，我丝毫没有放弃，用意志力支撑起右腿，然后用了一个短道熟悉的抹冰动作，继续加速。其实，出弯道时我和她的距离还差五六米，看似不可能的距离，我一点儿也没犹豫，在最后冲过终点的时候，把我的大长腿伸了出去。我俩也不知道究竟谁赢了。半分钟后，千分秒计时成绩出来了，全场观众突然欢呼起来，我赢了！我赢了李相花！我无法形容自己第一次拿到 500 米世界冠军的心情。

这只是一个开始，我的积分已经上升到第二位。这就意味着，下一站，五天后的比赛，我还要跟李相花一组。争冠军容易，保冠军难啊。这五天，我的心情起起伏伏，如果第一站赢是因为她掉以轻心，没把

* 2015—2016 赛季世界杯分站赛

彩虹奥运梦

* 2015—2016 赛季，世界杯盐湖城站，女子 500 米金牌

我当回事儿，第二站以她强大的心理素质，是不是要"复仇"了？

　　盐湖城的冰场比卡尔加里海拔还高，而且弯道也更急一点儿，经常有选手控制不住速度摔倒或是滑到其他选手的跑道上。按照积分，我被分在最后一组内道，李相花外道。比赛开始之前，现场的观众好像比之前更多了一些，我猜可能都是来看热闹的，因为我是公认的起跑慢，后程加速，现场观赛效果很过瘾。其实这场金牌之战考验的不是结果，而是前 200 米，因为 0.7 秒的差距足以让我们在换道区发生碰撞，或者我给她让道，或者我犯规。

　　有了上次赢她打下的信心，这次我把所有的劲儿都用在了前 100 米上，结果她并没有像上一站一样把我落得那么远。那么，进弯道我就不怕你了，我感觉自己的冰刀几乎都要把冰蹬碎，每一步都在向前冲。我太喜欢这种感觉了，此时冰面和我的冰刀融为一体，配合得天衣无缝。我根本来不及看报时，教练疯了一样喊，"赢了赢了！" 300

米的时候，我就追上了她，后 200 米开始了自己的表演。第二个弯道我已经看不到她的身影，我一直冲到终点，我除了知道自己是冠军，更想看到此刻自己的成绩。36 秒 56，跟世界纪录只差 0.2 秒！全场一片欢呼，又一枚金牌收入囊中！虽然和世界纪录只差 0.2 秒，我却创造了速度滑冰瞬间时速的世界纪录，也正式被封为"世界上最快的女人"。

第二天的 500 米，李相花没有参加，但是也因为没有她的竞争，另一枚金牌显得黯然失色。这让我想起了一首小诗：你是我的对手，但不是我的敌人，因为你的竞争会给予我力量，你的意志给予我勇气，你的精神令我由衷钦佩。我的目标是战胜你，如果能够成功，我不会羞辱你，相反，我会向你表达敬意，因为如果没有你，我依然还是渺小的自己。

这两周两站的比赛不仅仅收获了三枚 500 米金牌，还收获了 1000 米的一银一铜，500 米和世界纪录差 0.2 秒，1000 米仅差 0.17 秒，这也是我离世界纪录最近的一次！

第六十三章
与世界杯总冠军失之交臂

运动生涯总是富有挑战，没有永远的冠军，也没有永远的纪录。2015—2016 这个赛季堪称完美：五站世界杯缺席一站，拿了 500 米四金两银，1000 米一银一铜，短距离追逐两金一银；世界锦标赛荣获一枚 500 米银牌；第十三届冬运会拿了个人项目 500 米、1000 米、1500 米三枚金牌。追逐着胜利的激情，让我忘记了身体的透支。半年的赛程，终于等来本赛季的最后一站比赛，荷兰世界杯总决赛，毫无疑问，我当然是奔着 500 米的总冠军来的。从积分上看，冠军似乎已经胜利在握，可以准备收入囊中了。

没有任何一名运动员不渴望金牌，即使你已经伤痕累累，疲惫不

＊ 收获金牌，让我充满动力

堪。从训练成绩上看，我已经失去了前半个赛季初生牛犊不怕虎的冲劲儿，此刻对金牌的渴望成了我唯一的驱动力。最后冲过终点线，全场观众向你鼓掌、欢呼，看到自己的成绩排在第一位的成就感，总是那么吸引我，我想场上的每一名选手都会为那一刻上瘾。

总决赛在素有"速滑王国"之称的荷兰举行，我爱这里的观众，爱这里顶级的速滑选手，爱这里的冰场。我享受着这里新鲜的空气，感受着速度滑冰的氛围。能否摘得金牌，取决于最后两次 500 米，而每一次的积分要高于之前的世界杯分站赛，也就是说，我只要拿到前三，哪怕是第四名，都没人能追赶上我暂时领先的积分。

第一次 500 米，最后一组内道，我输给同组的美国选手波斯马，最终排名第五。这并不会让我的积分落到第二位，教练帮我算好了积分，如果第二次我能拿到一个第四名，我都可以保住冠军。教练并没有给我太大压力，只是鼓励我，因为我俩都知道我已经在超负荷比赛，但只要有一丝希望，我们都会全力以赴。两次 500 米比赛相差一天，那天我不知道摸了多少遍自己腿上的肌肉，这也是我习惯性检查自己状态的方式。状态好的时候，我肌肉的弹性特别好，反应速度也很快；状态不好的时候，肌肉软得像水放多了的面团，用队医的话说，摸上去好像没有肌肉。可能有些人会说这是心理因素，但现实摆在眼前，无论我怎么纵跳、加速跑、刺激肌肉的紧张度，都觉得自己软绵绵的，好像我的腿此刻更适合滑 5000 米。

第二次 500 米，这是我最后的希望。按积分排名，我仍然是最后一组，最后一道，波斯马还是在我外面。起跑，10 秒 95，奇迹没有出现，我用光了所有的力气，一直滑过终点，38 秒 240，还是输给她一点点。此刻我已经不再期待冠军，只要不滑到第五名就好。可结果往往就是那么不尽如人意，最终她排第二名，第三名、第四名换了人，我还是

彩虹奥运梦

＊ 驰骋在第十三届冬运会的赛场上

＊ 弥足珍贵的女子短距离团体追逐赛奖杯　　＊ 与奖牌合影，难掩失落

第五名。最终，我以总成绩842，仅仅6分的微弱差距输给了她。她看着我，似乎也为我表示遗憾。我看着自己的成绩，心碎了一地，如果我能前进一名，如果波斯马拿了一个第三名，总决赛奖杯都会是我的。可是现实就摆在这里，速度滑冰这个零偶然性的项目就是如此，没有任何理由。我的队友和教练没有来安慰我，他们或许是怕我更加难过，他们和我一样期待这个奖杯。

有输有赢才是赛场，也是人生！个人项目的小遗憾在女子短距离团体追逐赛中赢了回来，我们三个人再次战胜所有队伍，一起拿到了那个期待已久的大奖杯！虽然这个项目还不是奥运会的项目，但这个安慰奖让我感受到了团队的力量，也给予了我信心。

我以为2016—2017赛季的小遗憾会在下一赛季圆满，或许下一个惊喜会在两年之后的平昌冬奥会出现。万万没想到的是，这个赛季竟是我 23 年运动生涯和 10 年速度滑冰生涯的巅峰。之后我便遇到了最大的对手——伤病。

　　运动生涯总是跌宕起伏，你强，对手更强；你准备好了，也许别人比你准备得更好。尤其是当你特别想赢的时候，往往就会失望。这个赛季我拿了 5 次 500 米的世界冠军，3 枚全国冬运会金牌（500 米，1000 米，1500 米）。即将迎接本赛季的最后一站比赛——荷兰世界杯总决赛！

第六十四章

遇到最大的对手：伤病

没有任何一次成功是可以被复制的，原本以为和索契一样，再来一次两年奥运周期的备战，平昌一定会比索契更加精彩。时间追溯到2016年荷兰站的比赛，我的右膝常常伴有绞索的感觉，我当时认为是荷兰天气太潮湿，或者是比赛时不小心扭到了导致的不舒服。2017年春假结束，终于验证了当时的症状是膝伤暴发的前兆。

夏训的训练强度很大，计划也很满，我们不仅要在公路上完成每周3次左右的轮滑训练，还有之后出国训练的日程，加上10月开始的冬奥会资格赛，每一个阶段都挑战着我的膝盖。队里不仅给我找了很多随身治疗仪器，还为我聘请了西班牙康复师。我也尝试着配合他做康复训练，开始的阶段我很积极，每天都要比别人多练很多力量训练。为了膝盖不影响整个夏训的储备，我宁可少一小时午休，也要把康复训练完成。但后来我逐渐发现，这种康复训练不仅能增强膝盖周围的肌肉力量，还把我浑身的肌肉增强了一圈，我的肌肉类型是一练就会涨维度的那种，因此整个人看起来壮了一大圈。然而，随着阶段性强度训练，我的休息时间减少了，体能开始恢复不过来，膝盖也并没有好转，反而因为训练时长增加，积水更严重了。赛季一天天近了，我开始莫名烦躁，跟队医发脾气，为什么每天冰敷、针灸、理疗，折腾得我精疲力竭，仍然没有一丝好转的迹象？

除了在队里的治疗之外，3月到7月之间，我几乎跑遍了所有的专科医院，核磁片子都能订成书了。专家们会诊的结果没有例外：如果你是正常人，我们今天都不会让你走出医院，必须卧床三个月！我没有放弃任何一种治疗方法，中医的西医的，传统的民间的，国内的国外的，都让我试了个遍。

紧张的训练根本不允许我做手术或者是全休息康复，我甚至连一周时间都没有。因此，我的膝盖经常在一堂强度课后肿得像馒头一样，甚至不能全蹲。我先是喝了一些中药，试了传统的中医治疗方法，让膝盖周围活血，后来考虑到兴奋剂的风险而停药了。我又找到了上海的一位中医，他运用中医针灸神经埋线的方法帮我解除疼痛，在胳膊的肘关节找好脉络，用针管送进去五六根蛋白线以抑制膝盖疼痛。十几厘米的针扎到我的手肘里，我强忍着在眼圈里打转的眼泪。我的胳膊瞬间麻木，几乎是不能回弯，也不能拿任何东西，但是为了能坚持训练，我愿意尝试各种方法。临走时，医生提醒我，这种方式是暂时麻木神经减少疼痛，并不是根治膝伤的方式。我哪顾得上那么多，只要膝盖不疼，什么都好说。我欣喜若狂地跟着大家练了两周，高质量完成了之前无法完成的课，可结果是积水又开始反复。一个月后，我再次来到上海，第二次再埋线的时候，效果已经减弱了一半，没坚持到一周就又开始发作。

赛季前夕，最后一次尝试治疗是去南京，一位击剑的好朋友帮我引荐了她的队医，据说手法很好。打电话咨询，对方说先抽取积液，再注入一些消炎针和润滑液，并保证我周一的训练可以正常练。于是，我踏上了飞往南京的航班。为了看病，不知道这是我第几次一个人来到陌生的城市。为了不错过训练，每次都是周六出来，周日回。这位医生的性格很随和，也很幽默。他先检查我的膝盖，进行消毒，随后拿出了一个五毫升的针管就准备往里扎，给我吓得心脏都要跳到喉咙。闭着眼睛想，忍一忍，不就这么点事儿吗。结果，一针进去积液就抽满了，我吃惊地看着他一管又一管，

* 日常训练

一直到第七个针管的积液被医生从我的右膝里抽出，我叹了口气，他开了句我这辈子都不会忘记的玩笑："你的小膝盖挺能装啊！"打完最后一针消炎针，我便坐上回家的飞机。膝盖里少了往日的积液，感觉特别轻松，不过也只坚持了两周多，就又开始发作。

　　我的心态还是很积极的，没有因为膝伤而愁眉苦脸。有队友们和我一起备战奥运，每天陪着我一起做康复，每天说说笑笑，使我忘记了很多痛苦。反而是我妈妈，她看到我发的膝伤照片，偶尔会给我打退堂鼓："你已经是奥运冠军了，谁还在乎你是否再参加一次奥运！"后几次会诊的医生也跟我说："如果再出现一次大的闪失，你可能会

彩虹奥运梦

* 日复一日的康复训练　　　　　　　　* 腿上绑冰袋已经是日常

留下终生后遗症。"但当时的我好像着了魔，游戏开始了就不能停，平昌冬奥会就像是游戏里的终极挑战，我就是拼了命坚持到最后一口气，有百分之一的机会我也要试一试，即使我已经知道自己不可能再站上领奖台了。

　　然而我的意志力并没能战胜膝伤，我也明白医生说我的膝伤不可复的意思。赛季已至，冬天也来了，膝盖的症状更明显了，感知力很差。走路的时候，我经常右腿绊在左腿上，更不可思议的是，有一段时间，起跑训练的时候总是把自己绊倒，在这10年速滑训练期间，我几乎没摔过几次。不管自己的脚踝出了多少血，鞋也几乎快被自己踢碎，我就是一个劲儿地跑，跟自己较劲儿。速滑的冰刀刃特别窄，微小的晃动都会产生极严重的后果，膝盖的不稳定性使我在弯道最高速的时候总是胆怯，因为一个不经意，膝盖就会打软从而失去重心，这跟索契之前摔倒的心理阴影是极为不同的，因为它根本不在我身体的可控范围之中。

第六十五章

平昌冬奥会（上）

历经了一年多的身心挑战，每天面对各种治疗仪器，使用各种治疗手段，心中满是对队医、康复师的抱怨，对自己的不满，对膝盖的期待，所有的疼痛、恐惧、纠结，在来到平昌的这一刻忽然释然了。那种针扎到骨头缝里的疼，似乎没有了感觉；那种每天起床第一时间看膝盖消没消肿的担忧也没那么刻意了；那种下楼梯都不能承受，每周却要做220公斤力量的负荷，也可以暂时告一段落了。这一年多，每一天，每一刻，每一分钟，我的身心都在被膝伤反反复复地蹂躏着。

秉持着一种信念，完成了四站世界杯的积分赛，我终于拿到了500米和1000米的两项奥运资格。我可以很骄傲地说，我用一条腿做到了！然而，奥运前还有一次国内选拔赛依然考验着我，与此同时，因为长时间习惯用左腿支撑，我的左腿负荷加大，左膝也开始出现问题。这时距离2018年平昌冬奥会，仅仅不到一个月。

我的第二届冬奥会如期而至。和索契相同的是，我依然拿到了500米和1000米的两项冬奥资格，不同的是，这次少了份初生牛犊不怕虎的自信和对终点的专注。除了伤病的困扰，队里进行了人员调整，训练计划的改变、队友之间默契度的缺失，也让这个阶段的自己无声痛哭了不知道多少次。到达平昌之后的所有训练课几乎没人跟我配合，都是自己完成的，不过我早已经适应了这样的训练状态，但是，我没能承受住接下来的又一个意外。某日，我突然接到了领导的通知，称我错过两次兴奋剂检测。为了准备冬奥会，过年我连家都没回，训练中心大院我都没出过，到达奥运村也是三点一线的节奏，怎会落检？

* 2018 平昌冬奥会中国队入场瞬间

任凭我出示任何证明，还是让我感受到了自己的渺小。除此之外，之前期待了无数次的旗手也没有被列入名单，这似乎也成了我 23 年运动生涯中最大的遗憾。

因为抵达平昌比较早，我有两周多的时间进行赛前训练，这段时光也成为我运动生涯里最后的美好记忆。每次来到速滑馆，看到世界各国的选手们，我都有一种发自内心的满足，不再像索契时一样拼了命要去赢她们，而是感受到了这个速滑大家庭的团结，每位选手都为了同样的梦想去努力，想要在奥运赛场上呈现最好的自己。我喜欢看那些专注的眼神，喜欢听冰刀划过冰面的嚓嚓声。冬奥会结束后，这一刻将再也不属于自己了。每一场冰我都把它当作最后一场去感受，仿佛每次穿上比赛服，系好鞋带，脱下刀套的那一刻，世界就是我的，没有任何人和事可以打扰到我，包括膝盖的伤痛。

* 2018 平昌冬奥会接受记者采访

　　但考验还没有结束。就在比赛前三天，我的左膝开始剧烈疼痛，当然这也是意料之中的。之前两个月大强度的比赛和训练，我下意识地保护右膝，左膝当然会反抗，但是，偏偏要在这个时候吗？我不敢跟任何人说，身心俱疲的我也许是怕被取消参赛资格吧。每天回到冬奥村的房间里，看着肿得像馒头一样的双膝，我能做的只有祈祷。出了门，我依然微笑面对一切，用心感受自己用尽全力争取来的冬奥会。我们参加了开幕式，看到了烟火点亮夜空的美丽，每一刻都是那么刻骨铭心，我没有放过奥运村和赛场的任何一个角落，尽可能记住每一个我看到的画面。我和其他国家的运动员换徽章，去特许商品店买了好多吉祥物，去娱乐室跟运动员们一起打乒乓球，去餐厅品尝各种菜系的美味，和大家一起在"运动员365区域"看比赛，为队友们加油，参与奥运村里所有热闹的活动。

　　我最喜欢的花是向日葵，因为它总是朝着太阳，我愿意像向日葵一样永远追随阳光。如果没有那么多照片，我似乎不记得当时的疼痛与难过，也或许是奥林匹克的神奇力量带给了我更多希望。我在奥

彩虹奥运梦

＊ 2018 平昌冬奥会留念

运村见到了联合国秘书长，还勇敢地尝试了自己人生的第一次英文采访。因为我还有最后一个期待，国际奥委会委员，运动员委员会委员候选人。

第六十六章

平昌冬奥会（下）

2018 年韩国平昌冬奥会的赛程是 2 月 9 日至 25 日，速度滑冰 1000 米和 500 米的比赛分别在 2 月 14 日和 2 月 18 日进行。

1000 米比赛，我与波兰选手被分在第 11 组，我是外道。尽管我努力调整赛前状态，做着和四年前一样的准备流程，可无论从心理还是生理，已经感觉不到那个曾经心无杂念、孤注一掷的自己。我无法控制膝盖对我的影响，它就像一颗定时炸弹，随时可能爆炸。站上起跑线，最大的期待是膝盖可以支撑我完成比赛。外道起跑是我的致命弱点，况且现在我只能用一条腿发力，大弯道我是否可以加得上速度，这些问题已经来不及考虑！

发令枪响，我和波兰选手一起冲了出去，我把这场比赛当作最后的战役，没有退路，只能往前冲。起跑加上两个大弯道，一圈过后的换道区，我明显感觉同组对手超过我一点点。此刻，膝盖的痛已经抛诸脑后，想赢的欲望充满我身体里的每一个细胞，我拼命地在小弯道加着速，这是我追上她的唯一机会。最后一个换道区，还有 200 米，我咬着牙，大口大口喘着气，可就在进入最后一个弯道之前，突然，我的膝盖打了软，冰刀蹬空。此时我已经接近力竭，我下意识告诉自己，不能摔，所有中国观众正在现场和电视机前看着我，这是我的冰场，这是我的冬奥会。一股力量使我硬是把蹬空的右腿拽了回来，然而，这个失误也让我感觉到对手就在我身后，我听见她的呼吸声离我越来越近。我没有犹豫，继续用力摆臂、蹬冰，出弯道，最后 50 米，我用余光看到她就在我侧边。我人生的字典里从没有"认输"这个词！

彩虹奥运梦

我感觉自己的动作在变形，我的腿已经丝毫没有力气再继续蹬冰，只能尽量加快节奏保持速度。最后5米，我终于在她前面冲过了终点线，1分15秒67，这个成绩比索契的时候整整慢了1.5秒，但我很知足，因为我已经用尽了所有力气去完成这场比赛。

我在场地里一直看到最后几组的选手滑完，最终由荷兰选手莫尔斯摘得了冠军。依然是那12000平方米的速滑馆，依然是座无虚席的观众，可惜此刻的欢呼并不是为我。我站在场地中间长叹了一口气，不知道是不是眼泪模糊了视线，这一年的自己承受了太多的压力和疼痛，这一切终于结束了！平复心情来到了采访区，看到央视的老朋友莉姐，她见证了我十年的速滑历程，从第一次全国冠军、第一次亚洲冠军到索契的首金时刻，她始终如一的笑容带给我莫大的安慰。我说："我今天的表现对得起自己23年的运动生涯，唯一对不起的是数亿观众朋友对我的期待！"

接下来，2月18日的500米比赛，我最终排在第15名！然而我的平昌奥运之旅还没有结束，那就是国际奥委会委员、运动员委员会委员的选举。按照国际奥委会章程，候选人必须是本届或者是上一届参加冬奥会的选手，由国家奥委会推选，再由国际奥委会执委筛选通过进入候选阶段，自冬奥会开赛到结束的倒数三天为投票阶段，新的委员将从所有本届参赛的运动员中投票产生。这一届冬奥会有6位候选人，最终由投票排名前两位当选。2月23日公布结果之前，我心里的忐忑远远超过比赛，因为比赛结果可以预测，但投票结果是未知的。从参赛队伍的情况分析，我们并不占优势，中国代表团有82名运动员，而挪威、加拿大这些代表团有200多名。公布答案时，结果如同我的膝伤一样，没有奇迹，我的票数是并列第三名，因为第一名和第三名的选手来自同一个项目，而当选的委员必须来自不同项目，虽然票数上并没有太大差距，最终我还是落选了。

此时我听到了很多负面的声音，说我没有做好中国运动员的交接棒。从来到平昌，忍着膝盖的伤痛，承担着极大的压力，被指责，被误解，错过旗手，委屈，失败，我一个人默默承受着。我只是一名运动员，我用了全部努力从索契走到平昌，最终就是以这样的方式结束运动生涯吗？我深陷在痛苦中，不能自拔。

两天后，2018 年 2 月 25 日，我被邀请参加国际奥委会闭幕全会。我坐在台下，看着曾经有一面之缘的巴赫主席，不知道他是否记得 2015 年 7 月 31 日在马来西亚吉隆坡北京申冬奥成功时与他握手庆祝的那位中国代表。我戴着翻译器，听着他主持会议，紧张地期待着。国际奥委会委员运动员委员会有 15 个名额，12 位为投票制，3 位为主席任命制，委员 8 年一次任期，按冬夏奥运的比例，每一届冬奥会有 2 名到任、2 名当选，夏季奥运则是 4 名。主席会根据保持项目、性别、五大洲的平等来任命委员。

也许是经历了太多的不如意，刚刚好有提名名额，刚刚好我的投票并列第三，刚刚好中国即将举办 2022 年冬奥会，刚刚好中国在国际体育组织的地位日益强大，刚刚好速度滑冰从来没有人当选过委员。巴赫主席把唯一任命委员的资格给了我，这一刻的幸运背后积淀了太多。我手握奥林匹克会旗，开始庄严地奥林匹克宣誓，激动又感恩。这一天，我正式成为国际奥委会委员，开启了另一段奥林匹克旅程。我终于没有辜负祖国对我的培养和期待。

7 岁选择了冰雪运动，12 岁成为一名专业短道速滑运动员，20 岁转项速度滑冰，26 岁获得速度滑冰冬奥首金，30 岁当选国际奥委会委员。感谢父母鼓励我选择了体育生涯，感恩奥林匹克改变了我的人生。从今天起，我愿用一生追随我热爱的奥林匹克运动。

＊ 成功当选国际奥委会委员

2018 年 2 月 18 日，不想说，但还是要说再见。再见，我最爱的速度滑冰、最爱的冰场、最爱的队友、最可敬的对手们。23 年来的一切都要告一段落了，但未来我们还会再见！

彩
虹
奥
运
梦

后 记

告别赛场，开启另一个奥林匹克使命

走下领奖台，一切从零开始。赛场上孤注一掷的状态与我渐行渐远，而速度滑冰之外的世界于我又是那么陌生。30 岁退役后，开始从零学英语，恢复膝伤，参加各种国际会议、活动，生活变得新奇又陌生。那几年，我经常能梦到两个自己：一个是回到运动员时期，紧张备战

* 在国际奥委会全会上，作为 2024 江原道冬青奥会协调委员会主席发言

235

＊上图 担任北京冬奥会火炬手，将火炬传递给巴赫主席
＊下图 2024江原道冬青奥会期间，与巴赫主席在青奥村

彩虹
奥运梦

和上赛场前的自己；另一个则是开国际会议时，回答不上来问题尴尬的自己。压力似乎从未离开过我，每天看似充实，却依然迷茫。

幸运的是，终于在几年后，我又重新找到了目标。在困难面前我经常鼓励自己：曾经我可以站在世界巅峰，我可以战胜伤病，我改写过奥林匹克的历史！有生之年，如果还可以为奥林匹克的发展做出自己的贡献，那我死而无憾！

从 2018 年开始，我先后担任了国际奥委会委员，国际反兴奋剂机构理事、运动员理事会理事，国际奥林匹克选手协会执委，亚奥理事会运动员委员等多个国际体育组织的重要职务。尤其是在 2020 年被国际奥委会任命为 2024 年韩国江原道冬季奥林匹克运动会协调委员会主席。我也成了自国际奥委会成立 120 余年以来最年轻的协调主

* 2021 年参加东京奥运会开幕式

* 2020 洛桑冬青奥会期间，与巴赫主席合影

* 2020 洛桑冬青奥会期间留念

* 2020 洛桑冬青奥会期间，与伙伴们合影

席。从开始蹦单词和外国同事对话，到可以全程用英语主持会议，我想，这并不是从运动服到正装的改变，而是从内到外的洗礼。

当然，国际体育组织工作虽占用了我大部分，几乎是全部的时间，但这并不是一份工作，也不足以实现我想对奥林匹克运动做出的贡献。

2019 年，我成为哈尔滨工业大学体育部副教授；2022 年，我又

＊上图 2020 年 9 月，成立"虹基金"，推广冰雪运动进校园

＊下图 黑龙江首届"张虹杯"大众速度滑冰马拉松公开赛

* 2024 巴黎奥运会期间，参加国际奥委会运动员委员会会议

带领哈工大团队申请了全世界第 67 个国际奥委会授权的奥林匹克研究中心。我们以科技助力奥运为基础，以培养国际体育人才为目标，以奥林匹克理念促进青少年全面发展为宗旨，一步一个脚印，砥砺前行。

2020 年，我用自己的名字在萨马兰奇体育发展家族基金会下创建了"张虹体育教育专项基金"，用于推广奥林匹克精神，落实体教融合，推动 2022 年北京冬奥会"三亿人参与冰雪运动"目标的实现。目前，

* 2024 巴黎奥运会期间，参加第 142 届国际奥委会全会

我们已开展如下活动：哈尔滨市"虹基金体育教育进百校"，实现了从小学、初中到高中一百所学校的六个奥林匹克运动的普及与教学；"虹基金奥林匹克大讲堂"，邀请奥运冠军、国际体育组织官员、奥运媒体赞助商等走进高校，分享奥运故事，传递奥运精神，并在体育相关领域为学生进行就业指导；"2021 哈尔滨奥林匹克博览会"，用

＊ 担任第九届哈尔滨亚冬会最后一棒火炬手，点燃主火炬瞬间

奥运藏品、视频、画展等多元化的方式向大众推广奥运文化。

2025年，我的家乡哈尔滨再次迎来亚洲冬季运动会的举办，这也是在1996年后哈尔滨第二次举办亚冬会。我很荣幸能为自己的家乡贡献微薄之力。作为申办陈述人、火炬手、组委会成员、曾经的冬奥冠军，这一刻，我感谢家乡黑土地的养育之恩，我见证了一代又一代冰雪人从这里走向世界，我们有责任让火炬继续在这里传递，让五星红旗和国歌在世界体育舞台上一直辉煌，让奥运圣火永不熄灭……

我的奥林匹克故事还在继续，感谢您的聆听！

彩虹
奥运梦